一握りのトップセールスがやっている

最強営業術

安東優介
株式会社フェニックス
代表取締役

合同フォレスト

はじめに

時代遅れの営業論が幅を利かせている悲劇

「営業っていうのはな……」

このようなセリフを上司から言われたことはありますか？
あるいは、部下に言っていませんか？

私はセールストレーナーとして、これまでに2万人を超える受講者に営業力を高めるためのトレーニングをしてきました。

そして多くの受講者の営業力を弱らせている原因の一つが、古き良き時代に成功体験を積んだ上司や経営陣の誤った指導であることを伝えてきました。

彼らの時代は、経済が右肩上がりで商品自体の差別化が容易でしたので、訪問先に新しい商品やサービスを持ち込めば、顧客に簡単に売れていました。彼らは当時、がむしゃらに行動することで成果をあげていましたので、「下手な鉄砲も数撃ちゃ当たる」「営業は足で稼げ」という営業哲学が体に染みついてしまっています。

現在は、経済が低迷し、商品は溢れ、市場は飽和・成熟し、情報収集が容易になっています。何らかのニーズを持った人はインターネットで情報を入手し、本当に必要なモノを納得いくまで吟味して購入することができますので、「数撃ちゃ当たる」「足で稼げ」という姿勢では、もはや売れない時代です。

私たちがアプローチすべき顧客とは、どのような人たちでしょうか？　そうです。まだ自分の中でニーズが顕在化していない人たちです。

ところが、成功体験を持つ上司や経営陣は、そのような人たちにアプローチする方法を知りません。いや、自分たちが知らないことにも気付いていませんので、部下に対して時代遅れの営業哲学や根性論をぶつけてくるのです。その結果、多くの営業マンたちが空回りの努力を強いられ、ついにはメンタルをつぶされてしまいます。

現代には、現代に適した営業メソッドがあります。それは、従来の営業メソッドとは異なったものです。いや、真逆ともいえます。

そのため、私の話を聞いた受講者の皆さんは驚くと同時に、突如として時代遅れの根性論から解放され、まるで憑き物が落ちたかのように明るい表情になるのです。そして「まだまだやれる」と意欲がみなぎってきます。

出会った人の多くは、「売り方次第」でお客になる

ほぼ同じ数の顧客を回っているにもかかわらず、売上が伸びる営業マンと伸び悩む営業マンがいます。

この原因は、そもそも見込みの高い顧客を選んでいるかどうか、訪問するタイミングや地域性、もちろん相性など、さまざまな要因が考えられます。

もっとも差が出るのは、「売り方」です。

例えば、あなたが病院の営業だとします（現実には病院が営業マンを雇うというのはちょっと考えにくいですが、セミナーや講演会での受講者さんたちの反応が良いのでここでも使わせていただきます）。

患者さんを増やすために、近所の駅前で集客しようと考えました。普通の営業マンは、「どなたか、今体調が悪い人はいませんか？」と声をかけ始めます。駅前には大勢の人がいますから、数人程度は体調が悪いかもしれませんし、その中のさらに一人か二人はちょうど病院を探そうとしていたかもしれません。

一方、売上を伸ばせる営業マンは、次のように声をかけます。

「今は問題ないけれども、将来的に健康でなくなるのは嫌だと思われている方、あるいは生活習慣病やガンを予防したい方はいませんか？」

このように潜在的なニーズにアプローチできれば、急激に集客率は上がります。**相手の現状だけでなく、問題意識まで引き出すことができれば、顧客の幅は一気に広がるのです。**将来体の調子が悪くなることを心配している人も取り込むわけですね。

次は実際にあった例です。もうずいぶん前から、街の電器屋さんを見かけなくなりました。家電量販店が登場したことで廃業に追い込まれた店が多いためです。

ところが、その家電量販店の激戦区といわれる東京・町田では、売上を伸ばしている街の電器屋さん「でんかのヤマグチ」があります。

でんかのヤマグチは、地域のニーズをうまく掘り起こしています。例えば顧客リストから7年以上同じ給湯器を使っている顧客に的を絞り、給湯器の音の変化や風呂と台所で同時に使うとお湯の温度が下がるなどの予兆から、今後近いうちに壊れたら困るというニーズを聞き出したのです。そして「まだ壊れていない」給湯器の交換を提案して売上を伸ばしています。給湯器の交換は一般的には10年前後とされているのを、3年前倒しできたわけです。（日経ビジネス：2018年6月29日）

(https://business.nikkei.com/atcl/report/15/244460/062500029/?P=2&mds)

正しいレシピがなければ、おいしい料理は作れない

営業成績が芳しくない部下がいると、「今日は何件回ったんだ？」と尋ねる上司がいます。そして続けるのです。

「10件だって？　なんで100件回ってこないんだ？　君は確か、子どもが生まれたばかりだろう。想いを持ってもっと頑張らなきゃダメじゃないか。営業っていうのは、足で稼ぐもんだ」

言われたほうは釈然としないでしょう。内心、「100件回ったって1000件回っ

たって、こんなやり方では同じ」と反発しています。
その通りなのです。打ち方が間違っていれば、何回打席が回ってきても結果は同じです。

私のセミナーでは、このような上司の言葉は無視して良いと指導しています。
今は、数をこなす時代ではありません。今にふさわしい、正しいメソッドやテクニックを使って効率よく売る時代です。

私は本書を、上司の言うとおりに頑張っているのに成果が出ない人、上司の言うことに違和感を覚えている人に読んでほしいと考えています。
また「もしかしたら、自分こそそのような上司になっているかもしれない」と密かに感じている人にも隠れて(?)読んでほしいと思っています。きっと「そうか、なるほど!」と思っていただけることでしょう。

もし、カレーのレシピがないのに、カレーを作ろうとしたらどうなりますか? それこそ絶望的なほどの試行錯誤を繰り返さなければなりません。結局、努力のかいも虚しく、生きている間にカレーを再現できない可能性が高いでしょう。再現できない理由は、やる気の不足ではないのは明らかです。

やみくもに試行錯誤や努力を重ねるのではなく、レシピがあれば、それを見たほうが間違いありません。料理の先生がそこにいるのなら、教えてもらったほうが効率が良いのです。根性論や精神論では、目的を達成することはできません。

本書は「現代の営業」のレシピです。

現代に通用する正しい営業の仕方を、誰からも教わらずに試行錯誤しても、いっこうに成績を上げられずに挫折してしまうかもしれません。しかし、売れる営業のやり方を学ぶことができれば、寄り道をせずに成果を出せます。

……何か違う。

そう思いながら日々営業している皆さんに、本書は必ずお役に立てると考えています。

目次

はじめに

第1章　「売るために目標を設定しろ！」は大ウソ

第2章 「ニーズを聞き出せ！」は大ウソ

第3章 「説明上手になれ！」は大ウソ

おわりに

第1章

「売るために目標を設定しろ！」は大ウソ

絶対達成する目標だけでは、何かあったら狼狽する

私が初めて営業職に就いたとき、無謀にもフルコミッション制（完全歩合制）を採用している損害保険会社を選びました。そのため、営業として固定給をもらったことがありません。完全な実力主義の世界に飛び込んだのです。

そもそもすぐに経営者になったため、固定給をもらって会社勤めをした経験がありません。つまり、売れなければ収入ゼロという世界で生きてきました。

当然、営業時代の同僚たちもフルコミッション制でした。そこでは、常に上司から目標売上額を設定しろと言われます。もちろん、その目標は上司の目標でもあるわけですから、高めの金額になります。

「やるぞ、絶対に達成するぞ、オーッ！」

朝礼では皆、気合いが入っています。少なくとも表面的には。

しかし、普段から成績が悪い営業マンたちは、オフィスを出ると車の中でテトリスを始めたりします。端から目標金額など達成する気はありません。無理だと思っているのです。

それは、上司や会社から無理矢理言わされている目標額だからです。

上司の手前、口では「やるぞ、達成するぞ！」と言っていますが、もう一人の心の中の自分は「どうせ無理だから」と思っています。実際、これまでもできていませんから、これからも自分には無理だというセルフイメージができあがっています。

「ああ、やっぱりできなかったな」

そんな独り言を繰り返してきているのです。

ゴルフに例えれば、ティーグラウンドのど真ん中を捉える目標しか与えられていないわけです。本当は自分の腕では無理だと思っていても、周りからそれ以外あり得ないと言われているから、自分でも「ど真ん中いきます！」と宣言するしかありません。

ですから大半の場合、「もし、右にそれたらこうしよう」「バンカーに入ったらこう出そう」などとカバーするためのイメージを持っておらず、狼狽するのです。

成功している経営者の人たちは、常にプランBを用意しています。失敗したときに打つべき手を用意してあるのです。

一時、ホリエモンの「想定内」という言葉が流行しました。彼はライブドア事件の渦中の人であり、世間から見たら「どうしよう」という事態が生じたのですが、本人にとっては想定内のことだったため動じなかったわけです。

このことから、**何事も最良の結果だけではなく、最悪の結果まで想定し、打つべき手を考えておくことが必要だといえます。**

できる営業マンは、あらゆる事態を想定し、プランBを用意している！

上司から言われたノルマを気にする必要はない

今は経済成長率10％といった古き良き時代ではありませんから、設備投資をしても必ず成長できるとは限りません。そこで経営者は期待通りの成果が出せなかったときの想定もしているのです。

その意味では、常にポジティブに考えてイケイケでいるだけではなく、ネガティブな発想も用意しておく必要があります。**失敗してもその後の糧になるストーリーを用意しておくべきなのです。**

たとえ会社や上司からノルマを課せられても、自分でできないと思っているノルマは達成できません。二割三分しか打てない打者が、コーチから「三割いけ」と言われても、本人ができないと思っていればできるわけがありません。

しかし、段階を経て目標に近づいていくことはできます。本人ができると思えば、二割三分のところを二割六分を目指すことができます。二割六分を達成できたら、次は二割八分を目指す。これもできそうです。そして二割八分を達成したとき、ようやく三割が見えてきます。

ですから、会社や上司から無理なノルマを課せられたら、表向きは「やります！」と答えておいて、実際には自分なりの目標額を設定すればいいのです。上司の言うことなど、まじめに聞く必要はありません。

同時に、自分が設定した目標を達成できなかったときの振る舞いも考えておきましょう。**最悪でもこの金額だけは達成しておこう。そして次の目標はここにしよう**、といったストーリーです。

できる営業マンは、自分で決めた目標に向かって努力する！

まずは、「自分の日々の活動」をストーリー化してみる

売上が伸び悩んでいる営業マンのほとんどは、数多く訪問することを自分に課しています。上司からも推奨されているためです。

これは、何件訪問したらそのうちの何パーセントはアポイントメントが取れる。アポイントメントが取れたら、そのうちの何パーセントは商談につなげられる。そしてその何パーセントは契約できるという考え方です。

このパーセントは非常に小さいので、1件の契約を取るためにかなりの件数を訪問しなければなりません。しかもこのパーセントはほとんどウソ。根拠が薄弱です。いくら多くの件数を訪問しても、トークがきちんとできない人は1件も契約を取れるはずがないためです。

営業は宝くじではありません。技術です。

今日訪問するのは1～3件かもしれませんが、その1件ごとに担当者のことを十分に調べた上で、どのような話をするのかというストーリーを事前にしっかり考えておくのです。

すると、たった1件でも、そこで契約を確実に取れるようになります。

あなたが営業マンのためのトレーニングマニュアルを販売しているとしましょう。今日会う相手が最近ゴルフにハマっているという情報を得ていれば、いきなり商品やサービスの話をするのではなく、まずはゴルフの話から始めるのです。

相手がゴルフを始めたばかりであれば、練習やフォームの大切さ、日頃どのようなトレーニングをしているのかなどといった話からトレーニングの重要さに導き、このトレーニングは営業マンにも必要だと結びつけ、営業マン向けトレーニングマニュアルの必要性を説きます。

つまり、**まずは相手の土俵に飛び込んでおきながら、いつの間にか自分の土俵に相手を連れ込むのです**。相手の調査やストーリーの組み立てを行いますから、数多くこなすことはできませんが、件数を絞り、1件ごとに綿密な営業トークを用意して訪問したほうが、はるかに効率よく契約につなげることができます。

営業日報や翌朝の営業会議などで「訪問件数が足りない」と上司から指摘されたとしても、そのような無能な上司の指摘は放っておきましょう。月末に、誰よりも数字を出すことができていれば、上司も黙るようになりますから。

できる営業マンは、お客様ごとに営業のストーリー展開を考えている！

いつまでも飛び込み営業をするな

顧客から別の顧客を紹介してもらうテクニックもあります。これもまた、数をこなす営業とは対極にある営業スタイルですね。

そもそも、営業を始めて2年目などに、相変わらず飛び込み営業の数をこなしているようではいただけません。紹介で契約を取れるようになっていなければ、自分の営業スタイルを見直すべきでしょう。

例えば、あなたが顧客管理システムであるＣＲＭ（Customer Relationship Management）を販売しているとします。すでに導入いただいている会社の社長さんとの会話の中で、次のように質問します。

ロールプレイング

あなた「経営者の方々で集まって飲む機会はございますか？」
お客様「ああ、毎月15日に15（イチゴウ）会といって、経営者や幹部クラスの人たちが集まる食事会があるよ」
あなた「私みたいな者でも参加できるんですか？」
お客様「大丈夫だよ、紹介者がいれば」
あなた「じゃあ、今度紹介してください。どんな話をされるのですか？」
お客様「景気の話とか、社員に対する愚痴とかかな」
あなた「経営者の皆さんが取り組まれていることについては話題に出ますか？」
お客様「出るよ。前回もあそこの社長さんが、営業マン全員にビジネスカードを持たせてキャッシュレス化したら経理が残業しなくなったって言ってたなぁ」
あなた「そうなんですね。社長は私どものＣＲＭを導入されたことについてすでにお話しされましたか？」
お客様「まだしてないね」
あなた「もし構わなければ、今度私もご一緒させていただき、御社が導入されたＣ

RMの担当者だよって紹介していただいてもいいですか？　安心してくださ
い！　社長のときと同様、ニーズがない方に無理に売り込んだり、アポイン
トメントを取ったりしませんから」

お客様「まぁ、考えておこうか」

あなた「ありがとうございます！　私としては、売上の停滞で悩まれている経営者の方に、どこで手を打つかは別として、これからは顧客満足度や顧客ロイヤルティを上げることこそ重要なんですよ、ということを知っていただきたいんです！」

お客様「そうか。そういうことであれば、他の社長さんたちにも役立ちそうだから、紹介のしがいがあるな。分かった、今度来なさい」

このようにして、優良顧客から次の優良顧客を紹介していただくのです。これは実際に私が企業研修用のプログラムを販売していたときに行っていた手法です。

必ずしもこのような経営者の集まりに顔を出すということではありません。ただ、せっかく契約実績のある顧客と会う機会があるのでしたら、そこに成果だけでなく、自身の仕事や顧客への情熱もしっかり伝えて、チャンスを潜りこませるのです。

ただし、お客様は敏感です。自分の営業成績を上げることだけを目的にしているような営業マンには、大切な人脈を使わせることはありません。**志の高い営業マンに心を動かされるのです。**

紹介営業とは、志の伝染であるといえますから、一番良くないのは次のような例です。

「社長、○○社の安東です。今日、御社の近くに行きますので、午後3時頃に御社にご挨拶に寄らせていただいていいですか？」

そして本当に立ち寄って、適当な世間話をして「よかったらお時間のあるときにでもお読みください」と言って新製品のパンフレットを置いてくるのです。

これは無駄ですね。相手にとっても時間泥棒です。そのようにして置いていったパンフレットなど読む義理もありません。お客さんに課題を与えてしまっているのです。課題を持ち帰るべきは自分であるはずなのに。

このようなことを続けていると、そのうち相手も面倒くさくなって居留守を使うようになります。

先ほども言いましたが、**営業2年目で、まだ飛び込み営業の数をこなしているようでは、いつまで経っても安定した売上を確保できませんし、実績を積むごとに楽になっていくこ**

ともありません。ひたすら新人の頃と同じ苦労を続けることになります。そのような場合は、やはり自分の営業スタイルに疑問を持つべきです。

できる営業マンは、紹介で良質なお客様を獲得している!

第2章

「ニーズを聞き出せ!」は大ウソ

今の時代、ニーズを自覚している人は、すでに買っている

いまひとつ売上が伸びない部下に向かって、上司はしたり顔で言います。

「顧客のニーズを引き出せないから売れないんだ。欲しいモノを聞き出してこい!」

これも時代遅れです。モノも情報も溢れている現代、ニーズを自覚している人や企業は営業マンに聞かれるまでもなく、すでに必要な商品やサービスを購入しています。

「はじめに」ででんかのヤマグチが、まだ給湯器を交換するニーズを持っていなかったお客さんたちに対して、必要性を作り出したお話をしました。

ニーズは引き出すのではなく、創造するのです。


例えば保険の営業をするときに、ある程度経験を積んだ営業マンであれば、普段から出入りしている企業に結婚したばかりの男性社員を見つけると、すかさず声をかけます。結婚した男性には、家庭を持ったので保険にでも入っておこうかな、という考えがよぎると知っているためです。

「ご結婚されたと聞きました。おめでとうございます」

ここで、一気に商品を勧めてしまうと、相手は「買わされる！」と身構えてしまいます。大切なのは、相手が商品に興味を示す状況を作ることですから、相手が語れるように問いかけます。

「どうですか、ご家族ができて」

「いやぁ、責任を感じますね」

「そうですよね。私も結婚したときや子どもを授かったときには責任を感じました。そうなると、考えたくはないことですが、これからは○○さんにもしものことがあったとき不安ですよね」

そう言ってパンフレットを取り出しても、数を打てば一定割合の成約が見込めるでしょう。しかし、相手もそう簡単には乗ってきませんから、次のように問いかけます。

「ところで、今、そういったことへの備えはされていますか？」

「いやいや、まだ何も考えていないです」と答えられたら、これは諦めるときではなく、売れるときです。しかし、売り込みません。

「それでしたら、どこで備えるかは別として、見直しの時期かもしれませんね」

「やっぱりそうですよね」

ここで商品ではなく、見直すという行動へのクロージングに成功しました。

「何か良いプランありますかね」

このように問いかけられて、初めて商品を提案します。

このときにもし「見直さなきゃとは思っているんですが、結婚したばかりでなかなかに物入りなので……」と難色を示されても、クロージングの「Ｙｅｓ　ｉｆ手法」でニーズを創造できます。

「そうですよね。確かに必要だと分かっていても、結婚したてで新しいことに毎月予算をかけるのは大変ですよね」

と、まずここで相手の想いをしっかり受け止めます。これが「Ｙｅｓ」です。そして「ｉｆ」を提供します。

「仮に、もし家計の予算内になんとか収めることができるとしたら、少しは保険の見直しに興味を持てそうですか？」

「まぁ、それなら」

ここで「もし」という言葉で、お客様に予算の中で収まったことを想像させます。

「でしたら、どの部分を優先させたら予算内に収まるか、一緒に考えてみませんか？」

と問いかけます。このとき「言われてみればそうだなぁ」と、それまではお客さん自身、確かに持っていなかったニーズが創造されています。

このときに創造されたニーズは、言い換えれば「問題意識」となります。こうして、成約につなげるのです。

できる営業マンは、お客様と問題意識を共有する！

顧客に自分の「売りたい」を押しつけていないか？

それでは、紙上ロールプレイングを行ってみましょう。

あなたは家電量販店のパソコンコーナーの担当販売員だとします。まず、やってはいけない例です。

ロールプレイング

●悪い例

あなた「お客様、ノートパソコンをお探しですか？」

お客様「最近の製品はどんな感じかな、と思って見に来ただけですけど」
あなた「今お使いのパソコンはどのくらい使われているんですか？」
お客様「3年くらいですかね」
あなた「3年ですか。パソコンは3年も経つと、もう古いですよ。動きも遅くなりますし、最新のアプリにも対応できなかったりしますから。もう買い換え時ですね」
お客様「そうでしょうね」
あなた「これなどいかがですか？　最新スペックでこのお値段はお買い得ですよ。今ならキャンペーン中ですから買わないと損ですよ」
お客様「とりあえずもう少し考えてみます」
あなた「お客様、これを逃すともったいないですよ。プロバイダーも乗り換えるとさらにお安くできますけれども……」
お客様「またにします！」

このような店員につかまったことはありませんか？　買う気が失せますよね。ところが

自分が売る側になると、お客様の気持ちに配慮できなくなるのです。

この例でも、せっかく「パソコンが古くなっているので買い換えようと思っている」というニーズを持っているお客様に、お店の都合、つまりは自分の成績を上げたいという想いばかりぶつけているのですね。

そのため、間違ったことを言われているわけではないのですが、この店員からは絶対に買いたくないな、と思わせてしまっています。

できる営業マンは、自分の想いばかりをぶつけない！

顧客の「問題意識」を引き出す

それでは、できる販売員のロールプレイングを見てみましょう。今度は自動車販売の例で紹介します。

ロールプレイング

●良い例

あなた「お車をお探しですか？」

お客様「最近の車はどんな感じかな、と思って見に来ただけですけど」

あなた「今お乗りの車はどのくらい乗られているんですか？」

お客様「10年くらいですかね」

あなた「10年目でもこんなにきれいにされているということは、大事に乗られているのですね」

お客様「そうなんですかね」

あなた「やはり乗り慣れた車は良いものだと思いますが、ご来店いただいたというのは、何かお困りのことでもございましたか？」

お客様「ちょっと気になることがあって」

この段階ではまだ心を閉ざしているため、ここから質問しながら相手の心を開いていきます。**決して自分の成績を上げるために売り込むことはしません。**相手は簡単に悟ってしまいます。

あなた「どのような点が気になりましたか？」
お客様「燃費が悪くなった気がするんですよ。エアコンの効きも悪く感じますし」

ここで、「それなら買い換え時ですよ」と売りつけてはいけません。まだ、あなたは信頼を得ていないためです。

あなた「どんなときに燃費が悪くなったと感じられましたか？」
お客様「以前は2週間に1回ペースで給油してたんだけど、同じ乗り方なのに最近は週1で給油しているんだよね」

ようやくお店に来た理由が見えてきました。ここから、専門家としての信頼を得るタイミングに入ります。

あなた「それは気になりますね」

お客様「そうなんです。そろそろ寿命で故障したりするんじゃないかと」
あなた「ご心配、よく分かります。燃費が急に落ちると心配ですよね。もし、車がいきなり故障してしまうと、日常生活に支障はありそうですか?」
お客様「実は通勤に使っているので、車がないとめちゃくちゃ困るんですよ」
あなた「そうなると確かに大変ですよね。でしたらどこで買い換えるかは別として、症状が軽いうちに検討する必要はありそうですか?」
お客様「そうだよね、やっぱり。どうしたらいいかな……」

まず、車を売ることではなく〝検討する〟という行動に対してクロージングを成立させたことで、お客様があなたの助言を求め始めました。

ここで、買いなさいと言うのではなく、**選択肢を用意して、決定権はあくまでお客様にあることを伝えます**。ここまでお客様の状況を理解してコンサルティングできれば、お客様はあなたから買いたいと思うようになります。

できる営業マンは、お客様の状況を理解した上でコンサルティングする!

あからさまに問題点を指摘しない

もう一つ、分かりやすい例を紹介しましょう。

あなたはディーラーの販売員だとします。お店の駐車場に、ずいぶんと乗りつぶした感じの古い車が入ってきました。あなたは習慣で、すぐにフロントガラスに貼られている車検の月を確認すると、あと3カ月後だと分かりました。

まず、ダメな例です。

ロールプレイング

●悪い例

あなた「いらっしゃいませ」

お客様「ちょっといろいろと見せてもらってもいいですか？」

あなた「どうぞどうぞ。お乗りになられている車も古い型ですよね。この年式ですと燃費も今の車と比べるとずいぶんと悪いですし、部品の劣化も始まってきている頃ですね。ちょうど3カ月後に車検ですので、この車に車検費をかけるよりは、新車の頭金にしたほうが良さそうですね」

あなたが言っていることは間違っていません。おそらくお客様も、そのつもりで新車を見に来ています。

しかし、**人というのは、他人からあからさまに言われてしまうと不愉快に感じることもあります**。

次のように話すほうが、商談の可能性を高めることができます。

●良い例

あなた「お客様のお車は、とても人気がある年型ですよ。とてもきれいに乗られていますし、良い状態ですね」

お客様「確かに私も気に入っているので、大事にメンテして乗っているんですよ」

あなた「そうですよね。まだまだ長く乗れそうですよね」

お客様「いやいや、見た目はきれいにしてますけど、さすがにあちらこちらにガタがきているようで。今どきの車に比べれば燃費も悪いですしね。それで、3カ月後に車検なので、これ以上車検代払って乗り続けるよりは、そろそろ買い換えようかと思って。部品交換や修理代も追加になりそうだし。愛着はあるんですけどね」

このように、**お客様自らが事情を語って問題提起されるのが理想的です。**あなたに心を開いている状態ですので、こうなれば商談につなげることは容易になりますし、成約しやすい状況にあります。

できる営業マンは、お客様自身に不安や不満を語らせる!

第3章

「説明上手になれ！」は大ウソ

ネットで調べられるスペックより、商品購入後のメリットが大事

営業というと、口が達者で説明上手、説得上手というイメージを持たれていると思います。特に優秀な営業マンは、自社の商品やサービスについて、立て板に水で淀むことなく説明できる。そんな人を思い浮かべるのではないでしょうか。

しかし、インターネットで誰もが商品についての詳細な情報を入手でき、簡単に比較検討を行える現代では、営業マンによる説明の巧みさは重要ではなくなりました。大切なのは、**その商品なりサービスなりを購入した後、お客様にとってどのようなメリットがあるのかをイメージさせることです。**

例えばトレーニングジムの入会を促すとき、どんなトレーニングマシンを使ってどの筋肉をどれだけ鍛えるか、食事制限ではどのような食材に注意すべきかを事細かに説明すれば、そのジムで何が行われるのかをイメージさせることはできます。

しかし、それだけでは相手の入会意欲をそそることはありません。それよりも、このジムでトレーニングすることで起きる変化をイメージさせるほうが良いのです。

ここでロールプレイングしてみましょう。あなたはトレーニングジムのトレーナーだとします。

ロールプレイング

あなた「お客様は目指している体型がありますか？　がっちり系とか細マッチョとか」
お客様「どちらかというと細マッチョがいいね」
あなた「今3月ですよね。今のお体の感じですと、7月には理想の体型に仕上げられますよ。すると、どんなメリットが考えられますか？」
お客様「ああ、海とか行くから彼女に褒められるだろうね」
あなた「いいですね。他にも思い浮かびますか？」
お客様「夏には薄着になるから、堂々とTシャツを着られるね。今だと腹が出ていてかっこ悪いから」
あなた「なるほど。あえてぴったりとしたTシャツを着ることで、体の線が強調されますね。その目標、一緒に叶えましょう！」

これをもっと短時間で分からせてくれるのが、某トレーニングジムのＴＶコマーシャルですね。トレーニング前の体型と、トレーニング後の見せつけたくなるほどの引き締まった体型を比較した映像です。あのコマーシャルではトレーニングの内容や食事制限については一切説明していません。ただ、成果を見せているだけです。そしてそのことが、何よりも説得力があるわけです。

できる営業マンは、お客様に「ベストな将来」をイメージさせる！

対話の中で、相手にメリットを想像させる

もしもあなたが車のディーラーであれば、お客様から尋ねられない限り車のスペックを説明する必要はありません。

それよりも、その車を購入したら、どのようなライフスタイルが実現できるかを語り合えばいいのです。販売店に来ているお客様は、すでにＷｅｂサイトやパンフレット、車情

報誌などで十分にスペックを確認済みだからです。

ロールプレイング

あなた「お子様が二人いらっしゃるんですね。それなら確かにこのミニバンは良いと思います。ちなみにお子様は何歳ですか？」

お客様「8歳と11歳です」

あなた「活発なお年頃ですよね。車のドアも自分で開けたりしますか？」

お客様「そうなんです。今、セダンに乗ってるけど、駐車場とかで勝手に開け閉めするんで隣の車にぶつけるんじゃないかとヒヤッとしたことがあります」

あなた「なるほど、それで今回はドアがスライド式のものを候補にされているのですね。そのお年頃ですと、車の中でもじっとしていませんよね」

お客様「後ろの席で何かやらかしたりするので、けっこう大変です」

あなた「確かにこの車ですと、後ろの席で何かあったときに、すぐに助手席のお母様が車内で移動できるウォークスルーになっていますよ」

お客様「なるほど、それはいいなぁ。渋滞などにはまると、どうしても子どもたちが退屈しますからね」

第3章

あなた「お子様たちには渋滞はつらいですよね」
お客様「それで、このオプションの後部座席用ディスプレイがあるといいかなと思って」
あなた（お子様たちに向かって）「好きなアニメとかあるかな」
お子様「○○が好き！」
あなた「だったら後ろの席で見られたらいいよね」

相手の家族構成を知った上でどんどん提案することも良いですが、**一方的に勧めるよりは、できるだけ相手に購入後のイメージを語らせるほうがより有効です。**

できる営業マンは、お客様に商品購入後の幸福感をイメージさせる！

コラム　「まずは話だけでも」の言葉を、額面通りに受け取られて……

私も若い頃にやってしまいましたが、相手に取り入ろうとして、「お話だけでもさせていただけませんか？」と言う営業マンがいます。その場合、なんとか会うことができても、一通りの商品紹介が終わると、相手が「それでは」と席を立ってしまいます。

「いや、大事なところはこれからなんですが……」と言っても、「だって話を聞くだけでいいと言ったじゃないか」とにべもない。これでは、営業マンにとってもお客様にとっても無駄な時間を費やすだけです。

例えば男性が、意中の女性に「今度食事だけでもいかがですか？」と誘ったとき、男性は当然、食事からお付き合いが始まるだろうと勝手に期待しているわけです。

ところが女性のほうは、あんまりしつこいから、あるいはかわいそうだからということで、「食事だけなら付き合ってあげるか」という気持ちで「いいですよ」と答えている場合もあります。

すると、食事が済んだら女性が「今日はごちそうさまでした。それじゃ、さようなら」とぺこりと頭を下げて去っても止められません。「ちょっと待ってください」と引き留めても、「食事だけって言ったじゃないですか」と不愉快な顔をされるかもしれません。

営業マンも同じです。自分からハードルを下げてしまってはいけないのです。

理由は何であれ、会うことさえできればこっちのものだ、と勘違いしている営業マンが多いですが、それができるのは相当の人たらしです。なかなかまねができるものではありません。

そもそも「話だけでも」と言っている時点で、明らかに営業マンの願いを叶えてほしいと言っているようなものですよね。それではお客様にはメリットがありませんから、会ったとしてもその後はありません。

人は自分に利益がないことでは動きません。営業マンのために時間を割いてはくれないのです。

第4章

「断られてからが営業だ!」は大ウソ

世の中には「絶対に買わない層」が一定数いる

若い営業マンが上司に報告します。

「ダメでした。間に合ってるからいらないと言われました」

すると、その上司は言います。

「何言っているんだ。最初から『はい、買います』なんてお客さんはいないんだ。一度断られたくらいで諦めてどうする。断られてからが営業だ」

このような上司の言葉を鵜呑みにしてはいけません。世の中には、絶対にその商品やサービスを買わない層が一定数いるからです。

押し続ければ買ってくれるという時代ではありません。時間と労力の無駄ですから、さっさと諦めて次のお客様を訪問すべきです。

私は「営業は恋愛と同じだ」とよく言っています。意中の相手を振り向かせるためには努力や情熱、場合によってはテクニックも必要でしょう。

しかし、どれほど努力しても振り向いてくれない人はいます。情熱だけで恋愛が成就するならば、世の中に失恋などありません。相性が悪い、フィーリングが合わない……。ダメなときはダメなのです。それを無理に追い続けると、ストーカーと言われて、かえって嫌われたり恐れられたりします。

男性が意中の女性に、「今度ご飯食べに行こうよ。和食、中華、イタリアン、フレンチだったらどれがいい？」と尋ねたときに「どれも行きたくない」とにべもなく断られたら、身を引いたほうがいいでしょう。「それじゃ、映画でも見に行かない？　洋画と邦画とどっちが好き？」と問いかけても「どっちも興味ないから」と言われたら「分かった」と諦めたほうが無難です。

相手の女性が、本当に映画は見たくないけれども男性に興味があるのなら、「それより、面白いライブハウスがあるんだけど」と別案を提案してくれるはずです。

営業も同じです。**あまりごり押しすると、次のチャンスまで失ってしまうことになりかねません。引き際を見極めましょう。**

例えば、「お客様がお使いの給湯器は耐用年数が10年ですので、そろそろ温度が上がりにくいとか、急に冷めるなど何かしらの症状が出ていると思いますが」と問いかけても、

「いや、今のところまったく問題ないね」と言われたら、それは完全に心を閉ざしている状態ですから、無理にこじ開けようとしないようにしましょう。

できる営業マンは、ストーカー営業をしない！

見込みのないお客様に執着すると、メンタルをやられてしまう

上司の「断られてからが営業だ」という言葉をまともに受け止めて、**すでに心を閉ざしているお客様に無理にアプローチし続けると、だんだんと卑屈になって相手に媚びるようになった結果、自信を失ってしまいます。**すると、他のお客様の前に出たときまで卑屈さが漂うようになってしまうのです。

できる営業は引き際が良いという話をすると、「そんなに簡単に諦めて次ってやっているとあっという間に見込み客がいなくなってしまいますよ」と言う人がいます。そこで

私は例え話をします。

あなたは駅近くの美容室の店長だとします。なかなかお客様が来ません。そのような状況でお客様を選んでいる余裕などないと思いますよね。

この界隈で、髪を切りたい人、パーマをかけたい人、髪を染めたい人はおそらくかなりいるでしょう。しかし現実にはお客さんがなかなか来ない。それはつまり、あなたのお店が選ばれていないだけのことです。

ですから、この店には入りたくないな、と思っている人に執着しているよりも、この店なら入っても良いかな、という人との出会いを増やしたほうが効率が良くなります。この店を気に入ってくれる人の周りには、潜在的な顧客がたくさんいる可能性がありますから、紹介でお客様を増やす方法は効率が良いのです。

できる営業マンは、不特定多数に声をかけない！

「絶対に買わない・買えない人」をピックアップする

絶対に買わない人や買えない人がいると知っていれば、執拗に食い下がって時間と労力を無駄にすることがなくなり、自分のメンタルを守ることができます。「これは無理筋だな」と素早く判断するための、自分なりの基準を設けておくと良いでしょう。

ここまでにロールプレイングとして紹介した例でも出てきていますが、**無理に売り込んでいないにもかかわらず、お客様のほうから質問をしてくるようであれば脈はあります。逆に反応がない、あるいは拒否されたら、長居は無用です。**

再び、紙上ロールプレイングをしてみましょう。あなたは保険の販売員です。まず、執着して失敗する例です。

ロールプレイング

●悪い例

あなた「今、○○保険に入られているのですか？」

お客様「入っていますよ。付き合いですけどね。叔父が○○保険の社員なので」

あなた「そうですか。お付き合いであれば仕方ないですよね。でも、そういうのって、契約さえしてしまえば後はほったらかしってパターンが多いんですよね。更新時とかにちゃんと説明に来てますか？」

このように、競合の非難をした場合、図星だったときほどお客様はカチンときます。次のように話を進めて、お客様の心が開かないようであれば、早々に退散すべきです。

ロールプレイング

●良い例

あなた「今、○○保険に入られているのですか？」
お客様「入っていますよ。付き合いですけどね。叔父が○○保険の社員なので」
あなた「それなら安心ですね。親戚の方であれば、親身に相談にも乗ってくれますし、何かあったときも迅速な対応をしてくれそうですから、私の出る幕はありませんね」

ここでお客様が「そうだね」と言ったら「お時間をいただき、ありがとうございました」と言って立ち去りましょう。しかし次のように言ってきたら、脈ありです。

お客様「そうでもないんだよ。付き合いだから入ったけどさ」
あなた「何かございましたか？」
お客様「この前、ウチの会社でトラブったとき、相談したら厳しい話ばかりされてね」
あなた「それは心配ですね。それでしたら、どこに頼むのかは別にして、どこの保険会社がいいか、一度、見積もりやそのトラブルの場合の対応について比較しておいたほうが良さそうですね」

ここで、「ぜひ、私どもの商品をご検討ください！」とは言いません。待ってました、と飛びついては「売り込まれる！」と相手が再び心を閉ざしてしまいます。

あなた「私も保険に関するプロですので、情報が必要なときは遠慮なくお声がけください」
お客様「じゃ一回、見積もりを出してもらえますか？」

この段階で、お客様は保険の見直しを考え始めるまでに至りました。これで成功です。自社の商品を売り込むと、「買わされる！」と拒絶反応を示すことが多いですが、どこの会社の商品でもいいので検討したほうがいいですよ、というアドバイスであれば、お客様は前向きな姿勢になります。

当然、話を聞いてくれたあなたに対して、最も心を開いている状態にありますから、成約の可能性が高まった状態に持ち込めているわけです。

お客様は、何かを押しつけてくる人よりも、一緒に課題を解決しようとしてくれる人を信頼して心を開きます。

しかし、一緒に課題を解決しようとしても拒絶された場合は、本当に必要がないので心を固く閉ざしている状態です。つまり絶対に買わない人か買えない人です。その場合はさわやかに立ち去り、次の機会を待ちましょう。

できる営業マンは、売り込む努力よりも信頼を得る努力をする！

お客様に寄り添うことで売り込まなくても売れる

私の知り合いに、求人サイト用の動画コンテンツを制作している会社の部長さんがいます。彼は、なかなか売上が伸びずに悩んでいました。聞けば、求人広告を出しても効果が出ていない企業に対して、「これからは動画での訴求が必要ですよ。ぜひ、ウチで制作させてください！」と売り込んでいましたが、さっぱり契約が取れなかったのです。

そこで、**売り込まずに一緒に解決する姿勢に切り替えたところ、一気に売上が伸び出したのです。**

悩んでいる企業の担当者から相談を受けると、まず、貴社のＷｅｂサイトはどのようになっていますか？　と質問して一緒に見てみます。するとリクルートのページには文字情報しかありません。

「内容的には素晴らしいですね。ここに書かれている記事の良さがもっと伝わりやすくなれば応募者が増えますよ。今どきの若い人は、文字を読むよりもスマホで動画をチェックすることを好みますから、このページに動画があると訴求力がアップしますよ。どこで作るかは別として、一度動画の掲載を検討されてみてはいかがでしょうか」

このとき、お客様が「そこまでの必要はないな」と言えば、すぐに引きます。しかし「そうだね、やっぱり今どきは動画も必要だよね」と言った場合、必ず「おたくだとどのくらいの製作費でできるの？」と尋ねてくるそうです。課題の解決策を一緒に考えてくれた人が目の前にいれば、その人に相談したほうが手っ取り早いためですね。

できる営業マンは、お客様が相談したくなる人を目指す！

ベテラン営業マンほど失敗する

営業歴が長い人ほど「それではぜひウチの商品を買ってください！」とその場で成約することを目指して失敗してしまいます。性急にクロージングしたがるためです。

私の研修では、お客様が心を開き、考え方を変え、行動しようと思うまでを目指すよう指導しています。

例えば、あなたは住宅展示場で接客を担当している営業担当者だとします。そこに若いご夫婦が見学に来ました。まず、ありがちなダメな例です。

ロールプレイング

●悪い例

あなた「いらっしゃいませ。いかがですか？　この家、弊社が誇る○○工法のモデルハウスです。風雨や紫外線に強い壁材で、デザインもモダンですよね。システムキッチンも○○社製の最高級品ですし、ウォークインクローゼットも2つ備わっていますから、収納も余裕です。もちろん、お客様の好みに合わせてカスタマイズできますよ。今なら春の新生活応援キャンペーンで、ソーラーパネルの設置工事費をサービスさせていただいていますので、ぜひご検討ください」

お客様「いや、見に来ただけですから」

お客様と一緒に課題を解決するタイプの営業であれば、次のようになります。

ロールプレイング

●良い例

あなた「いらっしゃいませ。今日はどちらからいらっしゃいましたか？」
お客様「○○町なんで近所ですね」
あなた「良いところですよね。大きな公園もありますし、とても住みやすいと聞いていますよ」
お客様「でも今は賃貸アパートに住んでいるんですよ」
あなた「そうでしたか。でも、あのあたりのアパートは新しい物件が多くて住みやすそうですよね。交通の便も良いですし」
お客様「そうなんですけどね。子どもが二人いるんですけど、最近活発になって走り回るんですよ。子ども部屋もないので居間におもちゃを散らかしたりするようになって、さすがに手狭かなと」
あなた「お子様が活発なのは嬉しいですね。でもそれでしたら、他社さんも含めていろいろと見て回られて、情報を集めたほうがいいですね。なにしろ家は大きな買い物ですから、お子様が成長されたときのことや進学のことも考えて、じっくりと検討されたほうがいいですよ」

お客様「あ、そうか。子どもの成長も考えないといけないな」

あなた「そうなんです。このようなモデルハウスを見ると、つい、外観や内装のきれいさで決めてしまいがちなのですが、実際にはそれぞれの家族構成やライフスタイルに合わせて、シミュレーションされたほうがいいんです」

お客様「シミュレーションか……」

あなた「(真剣な表情で)家は一生で一番大きな買い物ですから、私とご縁を頂いた方には、うちで建てるかどうかは別にして、絶対に家選びで後悔してほしくないんです。必要な情報があれば、何でも聞いてください。(笑顔に戻って)もちろん、うちの家を気に入っていただけたら、しっかりご一緒にいい家づくりができるようにお手伝いしますね!」

このような流れができると、多くの場合はこの後から具体的な相談をされることになります。

できる営業マンは、お客様の現状を否定しない!

コラム　断られても諦めずに通い続けていたら、ネットに自分の名前が……

私自身の体験ではありませんが、しつこく売り込むことで、ネット上に営業マンに対しての誹謗中傷が書き込まれてしまうことがあります。

技術よりも押しの強さを武器にしている営業マンがいますが、ネット社会の現代では非常にリスクが高いです。「○○社の営業の○○は……」と名指しで誹謗中傷を書き込まれてしまいます。

このことがお客様や自分の上司、自社の総務部門などに知られ、企業の信用を傷つけたとして厳しい処分を受けかねません。業界で有名になり、競合他社の営業からお客様に伝えられてしまう可能性もあります。

恋愛でも同じですよね。男性から、「付き合ってよ、お願いだからさ」と言い寄られたら怖いですよね。それで、ネットに書かれてしまいます。「○○さんって、キモい」と。

ですから、ネットに書かれるような強引なアプローチは行わないことです。

第5章

「何度も足を運べ!」は大ウソ

カタログも置かずスッと帰れば、次のチャンスも訪れる

多くの営業マンが、せっかく訪問したのだから何か痕跡を残そうと思ってやってしまうのが、とりあえずカタログと名刺を置いていくというものです。

訪問した先のお客様とまったく進展がなかったときに、「カタログだけでも置いていきますので、何かありましたらご連絡ください」と言って帰る営業マンがいますよね。

これで後日、お客様がカタログを見て連絡したためしはありません。だいたい引き出しにしまわれるかゴミ箱行き。そもそも、カタログを渡して連絡してくださいなどというのは、相手に課題を与えていることになり失礼です。課題は、営業マンが持ち帰るべきなのです。

第一、「何かありましたら」と言っている時点で御用聞きになってしまっています。専門家である医師や弁護士は「何かありましたら」とは言いません。医師は「もし、この薬を飲んで下痢などするようでしたらすぐに来てください」とか、弁護士であれば「この措置について、先方からクレームが来たらご自身で対処せずに私を呼んでください」などといった具体的なアドバイスをします。

何も進展しなかった際の去り際では、次のように話します。

「貴重なお時間をいただき、ありがとうございました。今日は残念ながらお役に立てませんでしたけれども、もし御社と同じ規模で成果が出ている事例など、絶対にお耳に入れておいたほうが良いという情報がございましたら持ち寄らせていただきます」

営業マンがしっかりと自分に課題を課して去っていくわけです。再訪問する正当な理由ができたわけですから、後日次のように電話できます。

「先日はありがとうございました。そのときに課題としていただいていた件ですが、御社と同規模でめざましい成果をあげている事例がございましたのでご連絡差し上げました。ぜひお伺いして説明させてください。30分ほどいただければ十分です」

再訪問する正当な理由を明確にすることで、相手にとっても時間泥棒にはなりませんよ、と安心させることができます。

できる営業マンは、自分に課題を与えて再訪する理由を作る！

課題を持って速やかに去る

もう一つ気付いていていただきたいのは、営業マンが「何かありましたらよろしくお願いします」と言ったときの「よろしくお願いします」です。こう言っている時点で、自分の望み（売上ノルマ達成）を叶えたいだけだなという印象を持たれてしまいます。

去り際には次のように言いましょう。

「社長、これは私どもの専門分野ですので、御社にとってこれはという有益な情報が入りましたら必ずお持ちします」

これでその道のプロとして優位な立場にいる印象を与えつつ、しっかりと課題を持ち帰ることになります。ところが、これでもけんもほろろな相手もいます。

「いやいや、うちは本当に間に合ってるから。予算もないし。もう来なくて良いよ」

今の時点では本当の事情かもしれません。しかし状況は変わるものですから、次のように言って、課題を持ち帰るようにしましょう。

「分かりました。ただし気付かれなかったことで御社にデメリットが生じることもありますから、これはお知らせしなくては、ということがありましたら必ずご連絡差し上げます。それでは失礼します」

と立ち去ります。しつこく粘ってはいけません。**課題を持って速やかに去ると、必ず再訪する機会が巡ってきます。**


できる営業マンは、お客様に「よろしくお願いします」とは言わない！

ネット時代に「足繁く通えば売れる」なんて通用しない！

「営業は足で稼げ」とよく言われます。「足繁く通えば売れる」という信念のもとに発せられる言葉ですね。

しかし、この考えほど古いものはありません。足繁く通えば売れたのは、まだお客様側に情報が不足していた時代の話です。当時は、営業マンが持ち込む情報がお客様の購買行動に強く影響を与えていました。

現在は、誰もがインターネットで簡単に情報を集められる時代です。必要なものがあれば自分で製品仕様や価格を比較できますので、営業マンが持ち込む情報にはそれほど価値がなくなってきています。勉強不足の営業マンよりお客様のほうが詳しい、という情けない状況もあり得ます。

それでは、営業マンは商品ではなくどこで差別化するのか。

答えは人間力です。「人間にしかない力」と言ったら分かりやすいでしょうか。取り扱っている商品やサービスに関する知識が豊富なのは当然として、**お客様のニーズを引き出し、あるいは未来の利益や損失を考えながらニーズを創造し、お客様に寄り添いながら最適な選択を提案できる力**です。

現代のお客様は、すでに商品やサービスのスペックや相場を知っています。しかし、どの商品やサービスを選んだら自分の暮らしや仕事の何を変えられるのか、というシミュレーションまではできていないかもしれません。

そこでお客様の立場になってシミュレーションを一緒に行い、お客様自身が最適な選択を行えるよう導くために必要な力が人間力です。もちろん、お客様のニーズや悩みを引き出せるほどの信頼を得られることが前提です（その方法については後ほど説明します）。

これまでの購買履歴やお客様のプロフィールから推測して商品を勧めるレコメンド機能だけならＡＩでも対応できます。むしろＡＩのほうが優秀かもしれません。記憶力も集計力も、膨大なデータを素早く分析する能力もＡＩには勝てません。となれば、ＡＩにできることはどんどんＡＩに任せれば良いのです。

一方、人は合理的な判断だけではなく、そのときの感情や新たに生じている環境の変化、年齢とともに変わる知識や好みなど、さまざまな要因が影響し合って判断します。

要因を聞き出したり感じ取ったりして、同じ立場で考え、提案を行うことは、まだまだＡＩでは対応できません。そのため、営業という職種は、絶対になくならないといわれているのです。

企業は相変わらず、高学歴であることや学力が高い人材を求めています。高度経済成長のときに、そのような人材を採用することで成功体験を積んでしまったためです。営業現場の悲劇は、その世代が上司や経営者になっているということです。

しかし**現代で必要とされている人材は、AIで代用できる間違いない情報を提供する「頭のいい人」ではなくて、お客様の心を開き、本音を引き出せる「感じのいい人」**です。

できる営業マンは、お客様の立場になり、最適な選択を行えるよう導く！

当たって砕ける営業では効率が悪い

「足で稼ぐ」や「数撃ちゃ当たる」方式の営業を実践している人たちを見ていて驚くのは、お客様のことを調べていないということです。そのため、いくら訪問先を増やしても売上は上がりません。効率が悪すぎるのです。

私は、このような営業スタイルで活動している人によく尋ねます。

「ＦａｃｅｂｏｏｋやＩｎｓｔａｇｒａｍ、ブログを利用していますか？」

残念ながら、自分の個人情報が漏れるからと利用していない人が多いですね。

しかし、それらは、営業先の情報を取得するために有効なツールです。**営業先の情報を持っているほど、会話の中で相手から小さな「Ｙｅｓ」をたくさん引き出せます。**相手の趣味、家族構成、休日の過ごし方、そして近況などを事前に入手しておけば、相手が「Ｙ es」と反応せざるを得ない話題を振ることができます。

「先日ゴルフに行かれましたね」

「そうなんだよ。あの日は調子が良くてね……」

「子犬が生まれたんですね」

「そうそう。これがまたかわいくて……」

このように小さな「Yes」を引き出すごとに、相手の心はオープンになっていきます。


訪問先企業についてはホームページである程度確認できますが、パーソナルな情報までは分かりません。

なぜ、そこまで事前に調べてから訪問する営業マンが少ないのか不思議です。行き当たりばったりの営業をしていたのでは、いつまで経っても成約率は上がりません。

多くの人がFacebookやInstagramで日常の行動や趣味などを公開しています。特に経営者や決定権を持つような幹部の方々は自己顕示欲が強いですから、SNSで多くの情報を発信している可能性が高くなります。いつどこのゴルフ場でどんなスコアを出したとか、家族でどこに旅行した、誰とどんな店で飲み会を開いた……などという投稿記事から、その人の趣味や家族構成、交友関係、健康状態などが見えてきます。

このような情報を事前にチェックしないなど、私から言わせれば運任せの営業です。

できる営業マンは、お客様のことを事前に調べ尽くしている！

今のニーズだけでなく、将来のニーズを引き出す

営業マンの9割以上は、今ニーズを持っている人ばかりを顧客にしようとしています。上司も先輩もそのように営業してきたためですね。

しかし、この方法では、かなりの数をこなさないと売上が伸びません。一人の営業マンが対応できる物理的な訪問数には限りがありますから、売上もすぐに頭打ちになってしまいます。

今という超短期間のニーズだけでなく、**将来という明日から数十年先までの長期間のニーズを引き出すことができれば、売上は一気に伸びます。**

私が自己啓発プログラムの販売をしているときは、相手企業の窓口の方（総務担当者や役員）に組織作りや経営者の話をします。すでに完成度の高い組織ができあがっており、従業員のモチベーションも高く、社長のカリスマ性も強い相手であれば、けんもほろろに追い返されてしまうのは当然ですよね。

そこで「素晴らしい組織ができていますね。社長も才気溢れる方ですし、完璧な状態ですね。将来も安心で前途洋々じゃないですか」と賞賛するのです。

すると「いや、まだまだですよ。将来安心と言われても、社長に何かあったらね……」と謙遜してきます。お相手が社長自身であれば、「いやいや、私が気を張って見ていないとダメですわ。私に何かあったらどうするんだ、といつも役員たちにも言っているんですがね」と本音が出てきます。

これは、今はないけれども、将来のニーズはあるということです。そこで、そのニーズを相手に言わせるような質問を投げかけます。

「え？　社長さんがいないとどんなことで困るのですか？」

「なかなか現場で指揮を執れる人材を育てるのは大変なんだよ。クレームの処理とか現場でリアルタイムでできないからね」

などと、思わぬ問題点が明かされます。ここではその問題点を受け止めます。

「それでは社長さんもご心配でなかなかゆっくりできませんね。そのために今、何かやられていることはあるんですか？」

「いや、具体的には何もできてなくてね。君のところで何かできることはあるの？」

ここで問題意識が引き出され、質問してきたことで、相手はじっくり聞こうというモードに切り替わっています。

このように、将来起こり得る問題に思いを馳せていただくことで、やはり人材を育てるために今から手を打たなければならないと考えていただけるようになります。

しかし、売れない営業マンは「社長の次の人材を育てるのは難しいですよね。でしたら、ぜひわが社の研修を受けてみませんか」と問題を押しつけてしまい、「考えておくよ」と体よく断られているのです。

できる営業マンは、将来のニーズをお客様自身に言わせる！

コラム

「心の距離を近づけよう」と頑張って雑談をしていたら……

人というのは、必要なことだけを話してコミュニケーションしているわけではありません。多くの人が人間関係を円滑にするために無駄な情報のやりとりをしています。

「今日は暑いですね」などは代表的ですね。暑いことは分かっていますが、人間関係を維持するには必要なのです。私は「暑いですね」などという意味のないことをあなたに話しかけるほど仲良くやっていきたいと思っているのですよ、という意思表示だからです。

営業でも、いきなり「これ、買いますか？　それとも買いませんか？」と切り出すのはあまりに唐突ですし、相手に対して「自分は買ってくれるかどうかにしか興味がなくて、あなたとの人間関係など必要ないのだ」と宣言しているようなものです。

ですから、たいていの営業マンはまずは挨拶や雑談から始めます。ただし、長すぎてはいけません。お客様が苛立ち始めるためです。お互いに貴重な時間を融通し合っているのですから、可能な限り速やかに本題に入るべきなのです。なかなか本題を切り出せない営業マンは、そもそもだまし討ち的に相手を訪問していることが多いのです。

「今日は○○について、御社と同規模のお客様の成功事例を紹介させていただきたいのでお時間ありますか？」というアポの取り方をしていれば、テーブルに着くなり「お電話した件ですが」と速やかに本題に入れます。

なかにはお客様が雑談をやめないパターンもありますよね。特にたまたま時間をもてあましていた社長さんなどにつかまると、延々と自慢話や苦労話が続きます。これを強引に打ち切ろうとすると、せっかく気持ちよくしゃべっていた相手の心証を損ねてしまいます。

このような場合には、会話のイニシアチブを自分が握ってしまうという手法があります。雑談の「結論を出させる」ような質問をするのです。

例えば相手の社長さんが延々と孫の自慢話をしていたら、次のように質問します。

「社長もかなりお忙しいと思いますが、参考のために一つだけ質問させていただいていいですか？　ずばり、お孫さんを育てるにあたって一番大切なことは何ですか？」

そこで相手が「○○することだよ」と答えたら、すかさず次のように締めます。

「なるほど、とても参考になりました。ところで本日伺ったのは……」

このように本題に切り替えてしまいます。このテクニックの肝は、相手に自ら雑談の結論を出させてしまうということ。こちらはその結論に感謝して、相手の自尊心を満足させた上で、本題に切り替えるのです。これで、相手の心証を損ねる危険はなくなります。

第6章

「笑顔で接客しろ！」は大ウソ

客の気持ちにシンクロしたら、笑ってはいけない状況もある

営業マン、あるいはセールスマンといえば、基本的には笑顔が大事だといわれます。お客様を訪問して、最初から厳《いか》つい顔やしかめっ面で「おはようございます」と挨拶する人はいませんよね。そこはやはり爽やかな笑顔で登場したいところです。

ところが「営業マンは常に笑顔でいろ」という人がいます。これは正しくありません。年がら年中、四六時中笑顔の人を信頼できるでしょうか？

できる営業マンは、お客様とシンクロしますから、**お客様が深刻に悩んでいるときは、営業マンもそれを受け止めて一緒に考える姿勢が必要です。**時と場合によっては、笑顔がふさわしくないこともあるのです。

例えばあなたはレストランで夕食をとり、先にテーブルで支払いを済ませてから外に出たとします。

しばらくして財布がないことに気付きました。レストランでは確かに支払いをしているので、なくしたとすればその後です。財布には現金はもちろんのこと、各種カードも入っ

ていますから深刻です。急いでレストランに駆け戻り、店員に尋ねます。

「すみません、財布の忘れ物がありませんでしたか？」

店員は満面の笑みを浮かべます。

「いいえ、ございません」

そんなはずはないと、あなたは食い下がります。

「さっきまでここで食事をしていて、代金を支払ったんですよ。落ちていませんでしたか？　茶色の長財布ですけど」

店員は相変わらず笑顔のままで答えます。

「ありませんでした」

あなたは苛立ちます。なんでこんなにヘラヘラしているんだ？　と。

「本当になかったんですか？　他の店員さんにも確認してくれませんか？」


あるいは、あなたはマンションを購入しようとして、異なる広さの間取りを見比べて悩んでいるとします。ウォークインクローゼット付きでリビングも広めの部屋と、普通のクローゼットのみでリビングも若干狭い部屋です。

広いほうの部屋に魅力を感じていますが、頭金が限られているので、ローンの返済額が大きくなると悩んでいるわけです。そのとき販売員が、笑顔で次のように言ったらどうでしょうか？

「確かにローンの返済額が増えますが、月当たりなら大した額ではありませんよ。多少高くても、住み心地が良く広い部屋を購入されたほうが後悔しませんよ」

あなたは笑顔の販売員に対して内心思うでしょう。

……人ごとだと思って笑ってる。高いほうが売れれば自分の実績になるからって、一生モノの大きな買い物をしようとしているときに、いい気なもんだ。

しかし、販売員が眉間にしわを寄せて、顎に指を添え、一緒に悩むようにこう言ったらどうでしょうか。

「うーん、悩ましいですよね。広いほうが良いと一概にはいえませんし。長い年月をかけて支払い続けるローンの負担を考えると、簡単には決められませんよね。ここは、じっくりと返済シミュレーションを行って、月々の返済負担を比較してみましょうか」

このように、販売員が真剣に悩みを共有している様子を見せてくれたら、もう少しこの販売員と一緒に検討してみようと思うかもしれません。お客様にシンクロしたことで、この販売員はお客様の信頼を得始めているのです。

ただひたすら笑顔の営業マンは「売りたい、気に入ってもらいたい」と、とにかく自分の売上目標を達成したいがために媚びを売っているように思われます。

しかし、**お客様が悩まれているとき、一緒に深刻になって解決策を模索している営業マンは、自分の売上よりもお客さんの抱えている問題を解決しようと努力しているように受け止められます。**その結果、信頼を得られるのです。

できる営業マンは、時には笑顔を消して、お客様のために真剣に悩む！

シンクロ上手になると、説得力が増す

このシンクロするという行為は、特別なことではありません。

子どもがけがをして泣いて帰ってきたとき、お母さんは笑い飛ばしますか？　多くは「どうしたの？　痛いの？」とつらさを共有しようとします。これがシンクロです。親身になって相手の立場になるということですね。

笑わないといえば、葬儀場のスタッフがいます。彼らはいちいち、葬儀をあげるご家族に同情して悲しむことはありません。粛々と業務をこなし、遺族に寄り添うために、神妙な表情をしています。

営業マンの上司たちは、笑う必要がない場合、笑ってはいけない場合があるという簡単なことを忘れているのです。

自分が笑顔でさえいれば、相手は心を開いてくれると思いがちですが、それは勘違いです。**相手の心理状態に合わせて、まじめな表情になったり深刻な表情になったり、あるいは悲しげな表情をするべきと覚えておいてください。**

医師が患者さんの信頼を得るときも同様です。患者さんが「お腹が痛いんです」と答えたとき、医師がへらへら笑いながら「じゃ、お薬でも出しておきますね」と言ったら、この先生は大丈夫なのか？　と思いますよね。

しかし、医師がまじめな顔をして、「いつ頃から痛みますか？　吐き気はしますか？　食欲はどうですか？　痛くなる前は何を食べましたか？」などと尋ねながら自分もつらそうな顔をして、「それはつらいですね。では、吐き気止めと痛み止めを出しておきますので、少し様子を見ましょうか」と言えば、この先生には自分のつらさが伝わったようだから、とりあえずこの先生の言うとおりにしよう、と信頼し始めます。

患者さんに人気のある病院の医師は、このシンクロが上手なことが多いですね。必要に応じて検査を行い、薬も処方しますが、患者さんにシンクロするのが上手であることがまず必要なのです。

営業もこれと同じです。

できる営業マンは、相手の心理状態に合わせて表情を変える！

日常の感情に、表情をシンクロさせる

営業マンは相手にシンクロして表情を変えることが大切であると説明しました。ところが、最近の若い人たちは表情が乏しいように思えます。

もしかすると、日本人は昔から表情が乏しい国民だったのかもしれませんが、研修でも理解できているのかどうか、腑に落ちているのかどうか、いまひとつ反応が読めません。

感情は変化しているのでしょうが、それが表情に出てこないのでしょう。

このような無表情な若者たちが増えた原因の一つに学校での習慣があると私は思っています。このことは、多くの学校で講演活動をしているときに気付きました。学校では、無表情でじっとして先生の話を聞いていることがまじめな姿勢を表し、正しいこととして習慣づいてきたのです。「なるほど！」「なんてことだ！」「ひどい話だ！」などという表情や態度を示すと「静かに！」と注意されます。

最近では、日本でも対話型の授業やアクティブラーニングに取り組み始めましたが、表情がなく、感情を出せていない若者が増えているのが現状です。


そこで、私の研修では、相手に表情をシンクロさせるロールプレイングを行います。

二人一組になり、交互に自己紹介をしてもらいます。このとき、紹介を受けている側は、二通りの反応をするようにします。一度目は無表情で、二度目は自己紹介の内容にいちいち反応し、表情を出しながら聞くのです。

そして、自己紹介した側に「どちらが自己紹介しやすく感じが良かったか」と聞き、「どちらのほうが時間が長く感じられましたか」と質問しています。すると全員が、**相手が無表情のときのほうが自己紹介しにくく、時間も長く感じたと答えます。**

そしてさらに質問します。

「皆さんの会社の会議は長く感じますか、それとも短く感じますか？」

多くの人が「長く感じる」と答えます。すると私は言います。

「それは、参加者が皆、無表情・無反応だからかもしれませんよ」

学校の授業が長く感じられる場合も、教師と生徒がお互いに無表情・無反応だからだ、ということもあります。

前述したように近年では、生徒同士がより創造的にかつコミュニケーション能力も向上させるように、アクティブラーニングという授業スタイルが導入され始めています。これは、生徒が受動的に先生の講義を聴くのではなく、与えられた課題に対し、生徒が主体となって意見を出し合いながら答えを導き出すという教育スタイルです。

先生方自身が、そのような教育スタイルで授業を受けたことがないため、まだ手探りの状態だと聞いていますが、アクティブラーニングがそのうち確立されると良いですね。

できる営業マンは、相手が安心して話せるように反応を出す！

コラム

豊かな表情に飢えている現代

私たち日本人、特に若い人たちは表情が乏しい一方で、表情の豊かさに飢えてもいます。

最近のテレビ番組の多くは、ひな壇にお笑いタレントを座らせるスタイルが多いですよね。これは司会者やコメンテーターの発言に突っ込みを入れさせたり、話を振られたらボケて番組を面白くしようという仕掛けなのですが、もう一つ重要なのは、リアクションを見せることで視聴者が番組にシンクロしやすいようにしているのです。

映像が流れている最中でも、ワイプとよばれる手法で、画面の隅にタレントの表情が映し出されています。これは、お茶の間の視聴者と同じ映像を見ているお笑い芸人などのさまざまな表情を映すことで、視聴者をシンクロさせているのです。

視聴者は、笑うべきところでひな壇芸人が笑ったり、突っ込みを入れたり、驚いたり泣いたりするのを見て、自分も同じように反応していいのだという安心感を与えられています。一昔前ならかっこよさやクールさが売りだった俳優さんや歌手、アイドルの人たちも、最近では実に豊かな表情を見せてリアクションを取っています。それほど視聴者は、つまり日本人は表情の豊かさに飢えているのです。

ＬＩＮＥで相手がスマイルマークのスタンプを貼り付けていても、実は笑っていないことを気付いているのが現代の若者たちです。ただ、スタンプを見ることで安心したいのですね。ネット越しのコミュニケーションでは、顔文字やスタンプで、表情に対する渇望感を満たし合っているのだとも思えます。

第6章

第7章

「客に気に入ってもらえ！」は大ウソ

何よりもまずは信用される努力を

営業マンは、まずお客様に気に入っていただかないと、と考えている人は多いでしょう。米つきバッタみたいにペコペコしている営業マンを見かけることがありますが、実はそれは勘違いです。

嫌われるよりは気に入られたほうが、何かと話を進めやすいことは確かです。その上、信用も得ているのが最も良い状態です。しかし、気に入られていなくても、信用されていれば「あの営業マンは無愛想でいまひとつかわいげがないが、常にわが社の利益を考えているという点では信頼できるので、彼のところから買うべきだな」などと思われ、取引は成立します。**気に入られることよりもまずは信用を得るための努力をすべきです。**

結婚相手を選ぶことを考えてみると良いでしょう。人生を共に歩んでいくパートナーを選ぶとき、愛想やおべっかの使い方で決める人はいません（多分）。それよりも、信頼できる人かどうかが重要ですよね。これに気付けば、営業時の声のトーンからして変わってきます。

たとえ笑顔でなくても、まじめな表情で声も低めの落ち着いたトーンでゆっくりめに「はじめまして。私○○社の安東と申します」と言えば、「おっ、信頼できそうだから話を聞いてみようかな」と思われやすいのです。

浮ついた声で愛想笑いを浮かべながら「はじめまして！　私○○社の安東と申しますっ！」と言っても、「軽率そうだな。しかも口から出任せを言いそうだな」と思われてしまう可能性があり、その後の営業トークで相手にバリアを張らせてしまうだけです。

「私、人材育成のプログラムをご提案させていただいております。無理にお勧めするようなことはございませんから、お見積もりだけでも、と思いまして」

このように言われても、「こんな営業が人材育成の研修を提案できるとは思えないな」と判断されてしまいます。すでに信用をなくしているためです。

いったん信用できる営業だという印象を持たれれば、営業トークでも媚びるような話し方をする必要がありません。その道のプロとして堂々と語ることができます。

「私は人材育成のための企業研修を行っていますが、本日、可能であれば、御社の人材育成への取り組みについてお話を聞かせていただけませんでしょうか。場合によっては、私の出る幕ではないかもしれませんが」

長めのトークですと慌てて早口でまくし立ててしまいがちですが、一度信頼感を与えることができれば、落ち着いて、相手が話を咀嚼する間を持ちながら話すことができます。

できる営業マンは、プロとして堂々と語る！

例え話をストックしておく

専門家としての信頼を得るためには、日頃から最新情報を入手するなどして、お客様よりも詳しくなければなりません。ときおり、勉強熱心なお客様に軽くあしらわれてしまう営業マンがいますが、これはプロとして勉強不足だといえます。

ただし、専門家であることを無理に印象づけようとして、専門用語を乱発することは控えたほうがいいでしょう。相手に話が伝わらないだけでなく、無理に背伸びして専門家を気取っているという印象を与えてしまいます。

専門性が高いことを伝えるのであれば、できるだけ平易な言葉で例え話を多く取り入れるようにしてください。このほうが相手に伝わりやすいですし、分かりやすく語る姿勢は好感を持たれます。

大切なのは、相手が理解することを目指しているのか、それとも相手が腑に落ちることを目指しているのかということです。

相手に理解させるだけであれば、商品やサービスのスペックを伝えるだけで事足ります。しかし、それでは相手の心は動きません。**人は、腑に落ちて初めて心を動かすのです。**

企業情報を販売している有名な企業の営業マンが、次のようにサービスの説明をしてくれたことがあります。

「情報化社会で生き残るには、企業の倒産情報や、業界の市場規模、各社の財務状況など、より多くの情報を持つことが重要ですよ」

そこで私はこのようにアドバイスしました。単にサービスのスペックを語っても、その価値が相手には腑に落ちませんよ、次のように例え話をしたらどうですか？　と。

「社長。桶狭間の戦いで兵士の数では不利だった織田信長が、圧倒的兵力の今川義元に勝てた理由をご存じですか？　実は簡単なことだったのです。織田信長は、今川義元が今どこでどのような布陣で何をしている最中なのか、という情報を常に把握していたからなんです。そして最も警戒していないときに、正確に今川義元だけを狙って一点集中で攻めたんです。情報さえつかんでいれば、少ない兵力でも勝てるんです。価値を生み出す一番の投資は、やはりいつの時代も情報ですね！」

重要なのは、事前に相手のことを調べておくこと。今のような歴史上の出来事を例えに使って心に刺さる年代もありますが、歴史にまったく興味がない相手には通用しません。例え話を有効に作用させるためには、相手のことを知っておく必要があるのです。

この年代の人には、どのような例えが刺さるのか、歴史なのかスポーツなのか、あるいは芸能なのか時事問題なのか。事前に相手のＳＮＳを見て、最近ゴルフに行っていたことが分かったのであれば、ゴルフに例えれば話が刺さるでしょう。最近サッカーの観戦をしていれば、サッカーに例えれば良いのです。

できる営業マンは、例え話で分かりやすく伝える！

御用聞きになると、良い仕事は回ってこない

多くの営業マンは、信頼されるより気に入られることを目指し、御用聞きになってしまっています。それでは単なる便利屋です。何かと声をかけてはもらえますが、雑用のような案件ばかりを押しつけられてしまいます。

つまり、よそがやりたがらない付加価値の低い、ヘタすると赤字になるような仕事ばかりを受注してしまう営業マンになってしまうのです。そうなると、やたらと忙しくはなりますが、まったく利益を出せていないという状態になります。しかも彼らの多くは、忙しくなることで充実感を得てしまい、自分はよくやっている、とても頑張っていると思い違いをしてしまいます。

このような営業マンばかりが増えてしまうと、その企業は利益を出せずに経営状態が悪化します。そして最悪の場合には倒産してしまうでしょう。

できる営業マンというのは、まずは信頼されることを目指していますので、自ずと行動が変わってきます。

御用聞きになった営業マンは、相手の無理を何でも引き受けたり、相手の趣味に取り入った付け届け（ビール券やスポーツ観戦券）、あるいは無駄に飲みに行くなどします。

ところが**信頼を得ることを目指している営業マンは、専門性を分かりやすく伝えるためのストーリーや、相手にとって気になる同業者の成功事例に関する資料を用意します。**すると、相手の接し方も変わってきます。

御用聞きタイプの営業マンには、他社には出しにくい雑務的な安い案件を持ち出したり、息抜きの世間話をしたり、場合によっては接待を要求してきたりします。

一方、信頼している営業マンには、より専門的な付加価値の高い案件を依頼したり、現在社内で抱えている問題を相談します。このような話は、気に入っているだけの営業マンにはしません。

付加価値が高い仕事を長く受注し続けるには、信頼される営業マンを目指してください。

できる営業マンは、相手にとって気になる同業他社の成功事例を用意する！

「信頼される人に共通する話し方」とは

ここで信頼される営業マンになるための話し方を紹介します。ただし相手（担当者・企業）の情報を得て、前もって専門家として必要な資料を準備しておくことが必要です。

信頼される話し方のポイントは、声の高さ、呼吸の深さ、間の取り方です。

病院で、早口でまくし立てる医師や、もごもごと何を言っているのか分からない医師、自信なさそうに小さな声で呟いている医師に診てもらっても、信用できませんよね。

そこでまず、二人一組になって、どちらかにわざと高い声（上ずった声）、浅い呼吸、間を空けない矢継ぎ早な語り口調で自己紹介をしてもらいます。そして、聞き手に「どのように感じましたか？」と質問すると、多くの方は「自己紹介の内容が頭に入ってこない」「軽率な感じがする」「信頼できない」と答えます。

次に、落ち着いた低めの声で、呼吸を深くするように意識し、間を長めに取って自己紹介をしてもらいます。その後、同じように聞き手にどう感じたかを質問すると、ほとんどの人が「落ち着いて話を聞けた」「人間の重みを感じた」「信頼できる印象を受けた」と答えます。

このように、あえて極端なスタイルで自己紹介をし合うことで、声の高さと呼吸の深さ、間の取り方によって相手に与える印象が変わることを実感できます。

できる営業マンは、低めの落ち着いた声で話し、深い呼吸で間を取る！

ほったらかしにされてきた「話し方」

声の高さと呼吸の深さ、間の取り方のうち、なかなか直せないのが呼吸の深さです。呼吸は無意識に行う行為ですから、意識しなければ呼吸は浅くなってしまいます。

子どもを見ているとよく分かります。子どもが親に何かをねだるときは、取り入ろうとしていますから、呼吸が浅く速くなっています。大人でも何かを責められて言い訳しているときの呼吸は、浅く速くなっています。

一方、重要なことを相談するとき、あるいは相談を受けるときは、呼吸が深くなります。

もっとも、受けた相談の内容に慌てた場合は呼吸が一気に浅く速くなります。

また、子どもと大人では、大人のほうが呼吸が深くなります。ベテランと新人では、ベテランのほうが呼吸が深いです。例えばお客様のもとに商談などで伺ったとき、上司や先輩の呼吸に比べて、新人営業マンの呼吸は浅くなっています。有名なところでは、孫正義氏や柳井正氏も呼吸が深いですね。話すときも独特の間を持っており、声も上ずっていません。

重要なのは「無意識を意識する」ことです。禅問答みたいですが、**本来無意識に行っている呼吸に意識を向けてみると、呼吸を深くすることができます。同様に、話すときの声を意識して低くし、間も入れてみます。**

私たちは普段から、これらのことに無頓着です。すなわち無意識に声の高さや話す速さ、間の取り方を決めています。話すことに対して無防備なのですね。

学生時代にも「話し方」などという授業はありませんでした。親もよほど汚い言葉や下品な言い回しをすれば叱りますが、日常的な会話の仕方をたたき込むことはまずしません。友人たちも同僚たちも、よほど個性的な話し方をしていない限り、誰も注意してはくれません。その結果、社会人になってから、実はコミュニケーションで最も重要であるはずの話し方が、てんで我流になっているのです。

もしかすると好ましくない話し方が野放しになっている状態かもしれませんから、意識して直す必要があります。

できる営業マンは、話し方に意識を向けている！

気持ちを切り替えられることがプロ

信頼を得るためには、声の高さを抑えて、深く呼吸し、適度な間を入れながら話すことが大事だと書いてきました。ただ、**話し方というのは、時と場合によってどんどん変わって良いのです。シチュエーションに合わせて使い分けてください。**

上司に食事に連れて行ってほしいときに、低い声で深く呼吸し、間を置いて話しかけたらおかしいでしょう。このようなときは、高めの声で浅く呼吸して、間を空けずに「今度食事に連れて行ってくださいよ～」と言ったほうがかわいがられるものです。

ただ、何度も書いているように、話し方というのはわずかでも油断すると無意識に長年の習慣に引きずられてしまいます。特に、「何としても売りたい！」という自分の成績のことばかりを考えて自分中心の意識を持ってしまうと、声が上ずって呼吸が浅くなり、間がなくなってしまいます。

私の経験から、自分が「売りたい」と思っているときには売れません。相手が「買いたい」と思ったときにしか売れません。

「売りたい」という気持ちを優先させるのではなく、常に相手が「買いたい」と思えるにはどうしたら良いのかを逆算して考えておくと、自ずとどのような資料が必要なのか、どのように振る舞えば良いのかといったことが決まってきます。すると、名刺の渡し方から立ち居振る舞い、話し方まで変わってきます。

恋愛と似ていますね。自分がどんなに付き合いたいと思っていても、相手が好きになってくれないとお付き合いは始まりません。そのため、どうしたら好きになってくれるのか、という視点で考えたり行動したほうが、成果を出す近道になります。

と、ここまで説明しても、いざ現場に臨むと、再び「売りたい、売りたい、売りたい……」という自己中心的な思いが首をもたげます。しかし、そのこと自体をあまり責めないようにしましょう。人間ですから自分の成績を上げて、給料も上がり、豊かな生活をしたいですよね。それはとても自然な欲求ですから、否定する必要も自分を責める必要もありません。

ただ、**営業として成績を上げるためにこそ、お客様の前に出るときには、プロとしてマインドセットすることが大事です。**

「誰よりも売ってやる。成績を上げてやる。そして収入を増やして豊かになってやる」と思うのは大いに結構です。しかし、ひとたびお客様の前に出たら「お客様が買いたいと思うのはどんなときか」とお客様目線に切り替えなければなりません。

お客様は敏感です。自分のことしか考えていない営業マンからは買いません。プロとして相手の役に立とうとしている営業マンから買うのです。

できる営業マンは、相手に「買いたい」と思わせることができる！

第8章

「前向きに行動しろ！」は大ウソ

結果を出していない人は、「前向き」と「向こう見ず」を混同しがち

なかなか成果が出せずに心が折れそうになっている営業マンに、「うだうだとマイナス発言していないで、もっと前向きに行動しろ。ポジティブシンキングで行け！」と檄を飛ばしている上司がいますが、これでは完全に部下をつぶしてしまいます。

これは単なる根性論であり、まったくアドバイスにも指導にもなっていません。

この上司、「前向き」と「向こう見ず」を完全に混同しています。

本当の「前向き」さというのは、これから行おうとすることに対して、まず自身が不安に思っていることに面と向かい、それを払拭するためにきちんと調べてシミュレーションを行い、起こり得ることを想定した上で目標に向かって行動することです。やみくもに突撃することではありません。

ある場所に行っても死ぬことはない、最悪でもかすり傷で済むという想定があるからそこに行けるのであって、死ぬことが想定内であれば誰も行きません。死ぬかもしれないのに、行けばなんとかなるというのは、単なる「向こう見ず」です。

そのような姿勢の営業マンで売れている人を私は見たことがありません。**できる限りの準備を行った上で行動するのが、売れる営業マンです。**

昔の営業マン——今の部長クラスの人たちが売れていた頃——は、上司から高級腕時計や高級車を買うように言われたものです。当然、部下だった頃の彼らに、そのようなモノを購入する経済力などなく、ローンを組んででも買えという意味です。いわゆる「背水の陣」ですね。

そうやって追い込まれた営業マンは、自分のためだけに売ろうとしています。そのようなマインドでお客様が買うわけがありません。

特に今は、営業マン自身が余裕を持ってお客様がどうしたら買いたくなるのか、必要だと思えるのかを考えなければ売れない時代である、ということに気付いていない上司が多いのです。

できる営業マンは、お客様が買いたくなる方法を余裕を持って考える！

ポジティブシンキングとは解釈の仕方

「前向き」とは、本来は良い意味です。同様に「ポジティブシンキング」も本来の意味では良いことだと考えます。

私は「ポジティブシンキング」とは、折れそうになっている心にむち打って、「気合いで乗り切れ！」といった根性論ではなく、解釈の仕方を変えるテクニックだと考えています。習慣や癖といっても良いかもしれません。

やっとの思いで意中の異性をデートに誘い出すことができたとします。しかも念願のディズニーランドです。

待ちに待った約束の日。ところが到着した途端、土砂降りの雨になってしまいました。

「はぁ。まったくついてない……」

このように思うかもしれません。しかし、ここで解釈を変えられることがポジティブシンキングです。

まず、現実を受け止めます。

「ほぉ、雨が降ってきたな。しかも土砂降りだ」

そして、がっかりしようと恨み言を言おうと、天気は変えられないという現実をすぐに受け入れます。その上で「どうせ変えられない雨なのだから、思い出作りに活かそう」と考えられるかどうかです。

一つの傘を買って二人で肩を寄せ合えば、距離を近づけられるではないか。晴れた日よりもアトラクションに並ぶ時間が短くて済むな。せっかくのディズニーランドで、土砂降りに遭ったなんて、一生忘れられない思い出になりそうだ……。

このように、**「変えることができない現実」に対する解釈を変えることがポジティブシンキングです。**がっかりして沈んだ表情のままでせっかくの一日を台無しにするのではなく、忘れられない思い出の日として楽しむのです。

私の研修でも、望まなかった現実に直面してマイナスの感情が湧き上がってきても、そのこと自体は悪いことではないと言っています。

人間ですから、嫌なことも悲しいこともあります。そして起きてしまったことは、変えられない現実です。

ただし、どうせ変えられないのであれば、そのマイナス面をプラスに解釈するよう自分に問いかける癖をつけなさいと言っています。私のこれまでの人生は、まさに解釈で乗り切ってきた人生でした。

できる営業マンは、変えられない現実をプラスに解釈できる！

コラム

たび重なる不運を解釈で乗り切った

私は保険会社の営業を経て、外資系の自己啓発プログラムの販売会社で20代のうちにトップセールスマンとなりました。

そこで独立したのですが、社員が栄養失調で倒れてしまうというずさんなマネジメントをしてしまいます。

この労働環境を変えるために別会社を作ったのですが、リーマンショックによる不況で客先から数千万円の回収ができなくなり従業員と袂を分かつことになります。

自分の至らなさで、従業員を含め多くの人が私のもとから去っていき、私自身もまったくお金がなくなってしまいました。

この挫折で、私は完全にふさぎ込んでしまいました。

ところが、周りを見回すと、それでも手を差し伸べてくれている人たちがいます。そこでこの挫折に対する解釈を改めました。

「これは、神様が本当に大切な人たちとの関わりだけを持つようにしてくれたのだ」と。

特定の宗教を信仰してはいませんが、そのように解釈したのです。

——自分を支えてくれている人たちへの感謝を思い出せ。もっとお金のありがたみを思い出せ。

思えば、自己啓発プログラムの販売でトップセールスになり、私は完全に天狗になっていました。そこで、経営者として独立した途端、神あるいは天とよばれているような存在が、私の鼻をへし折ったのだと解釈しました。

そのような折、私を元気づけようと食事に誘ってくれた先輩から広島で行列ができているたい焼き屋の話を聞きます。

——面白そうだな。

すぐに広島に飛び、そのたい焼き屋の繁盛ぶりを目の当たりにします。

——すごいぞ。本当に長蛇の列だ。しかも現金商売で。

そこでそのたい焼き屋に弟子入りします。独立後に広島で開業しないことが条件でした。

数カ月後、私は福岡に戻り、ヤフードーム（当時）の近くの商店街に空き地があることを知ります。そこでコンテナハウスを購入して、たい焼き屋を開店。「博多大黒天」と看板を掲げます。

これが大繁盛します。月の売上250万円ほどで原価率は30パーセントほど。しかも現金商売ですから資金繰りも楽です。

——これは金脈を見つけたぞ。

ところが1年後、そこにビルが建設されることが決まり、立ち退きせねばならなくなりました。落ち込みましたが、新しい出会いのチャンスだと解釈を変え、そこで急いで別の場所を見つけて店を続けますが、ここも1年足らずで駐車場になるからと立ち退かなければならなくなりました。

またまた落ち込みましたが、ビジネスセンスを磨くいいチャンスと解釈し直し、なんとか見つけた住宅地の一角で店を再開しますが、商店街から遠いという立地条件の悪さで売上が激減していました。

——もうダメだ。

と一瞬思いましたが、このことをプラスに考えるとしたらと自分に問いかけ、新しい土地に来たのだから、何か面白いことができるはずだ、と解釈しました。とはいえ、売上は落ち続けます。

——知恵を絞れ。ビジネスセンスを研ぎ澄ませ。

神様に言われた気がしました。

すると、焼き鳥の持ち帰りが流行していることに気付きます。そこで、たい焼き屋の隣に持ち帰りと出前専門の焼き鳥屋を併設すると、これが大当たりです。売上がV字回復し

第8章

ました。

しかし、まだ試練が続きます。なんと、中古で購入した冷蔵庫がショートして出火し、店は全焼。絶望ですが、隣接していたうどん屋には延焼していませんでした。不幸中の幸いです。

——次に進め。

神様がそう言っているのだと解釈しました。

すると友人から運送の仕事をしてみないか、という話がきました。それで1台のトラックを購入し、自らハンドルを握って荷物を運ぶとわずかに資金に余裕が出始めます。

そこで、1台ずつトラックを買い増していくと同時に従業員を増やし、業績を伸ばしていきました。

現在、25台のトラックが稼働して安定した売上を生み出しています。そして、いつしか経営者として成長していた自分に気付きました。

すると、この挫折と再起の繰り返しこそ貴重な資産ではないかと声を掛けられます。

「君の経歴は面白い。その話をしてくれれば多くの人を勇気づけることができるぞ」

そう言われて、企業研修の場や商工会議所から講演の依頼が来るようになります。そして講演を行っているときに、大手調査会社の経営コンサルタントの方と知り合います。

「全国の企業を対象としたトレーナーになりませんか」

そうして私は、運送会社の経営者でありながら、各地の講演会に出向き、コンサルタントとしてトレーナーの仕事も行うようになったのです。

気がつけば、多くの方々の前で語り、トレーニングを行い、多くの方がそれぞれの目標を達成するためのお手伝いをさせていただける。そんな生き方をしていました。

――そういうことだったのですね。

私は神様か天だか分からない存在に語りかけます。

――まだまだだ。

そうです。私はすでに、次のステージを目指しています。

世の中には、将来への希望を失った若者たちや自死にまで追い込まれている社会人たちが多くいます。

「このような人たちに何かできないか……」

私は今、そんなことを考えているのです。

第9章

「とにかく客に会え！　数をこなせ！」は大ウソ

数を増やすことよりも、「クロージング率」を高めることが大切

多くの企業の営業部では、昼間は誰も席に着いていないのが良いとされ、デスクワークしている部員がいると上司がハッパをかけます。

「とにかくお客様のところを回ってこい。数こなさなきゃダメだろう」

これは単なる根性論ですので、まともに相手する必要はありません。「それでは行ってきまーす！」と適当に返事をして喫茶店にでも行きましょう。

営業に大切なのは、クロージング率を高めることです。となると、確かに母数は多いほうが良さそうな気もしますが、その母数の質が問題です。成約する可能性が低いお客様をたくさん抱えていてもクロージング率は上がりません。そのうちメンタル面でストレスを増やしてしまい、ダメージが大きくなっていきます。

成約の可能性が高い母数を増やすには、まずリサーチが大事です。本当に自社の商品やサービスを必要としていそうなお客様を選ぶ必要があります。

営業部の人員が担当地域を割り当てられて、各地域の企業を全てリストアップし、順に訪問していくといういわゆるローラー作戦を奨励されることがあります。しかし、これで

は断られる数を増やしてしまうため、精神的なダメージが積み重なってしまいます。

地域の企業をリストアップしたのであれば、その中から成約率が高そうな企業をまずは精査します。そうして残った企業だけにアポを取って訪問したほうが効率が良くなりますし、クロージング率が高まりますからストレスが減ります。

より理想的なのは、紹介でお客様を増やしていくこと。良質なお客様は、良質な人脈を持っていますから、すでにお取引していているお客様に紹介していただけるような信頼関係の構築に注力すべきです。無駄打ち訪問にエネルギーを奪われていては疲弊するばかりです。

できる営業マンは、むやみに人に会わずに、お客様を選ぶ！

「予算が取れない」はたいてい建前

自社商品やサービスに対するニーズがあると見込んだお客様やご紹介いただいたお客様を訪問しても、すぐに成約することは少ないでしょう。多くの場合が保留案件になります。

ここで保留案件を劇的にクロージングに持っていく方法があります。

クロージングが保留されてしまう最も多い理由は、「予算が取れない」というものです。しかし、多くの場合「予算が取れない」というのは建前です。たいてい、本当の理由がその後ろに隠されていますから、次のように切り返してみましょう。

「そうですよね。新しいものに予算を組むことは、皆さん難しいことだと思います。仮に、予算以外で何か不安なことはありますか？」

ここで他の理由が出てくれば、実はそれこそが本当の理由である可能性が高いです。

多くの場合、交渉のテーブルに着いた時点で、予算はあるとみて良いでしょう。予算が取れない会社や担当者であれば、営業に会う時間ははっきり言って無駄ですから、テーブルにも着きたがりません。

テーブルに着いた場合は、予算以外の懸念があるので、まずは話だけ聞いてみようと考えているケースが多いのです。つまり、テーブルに着いておきながら「予算がない」と断る場合は、単に支払う代価に見合ったメリットを感じられなかったということなのです。

個人がお客様の場合は、確かにすぐに動かせるお金の制約は大きいでしょう。ところが企業の場合は、だいたいはなんとかできるものです。

何らかのトラブルにより駅前の1億円の一等地をすぐに現金化する必要が生じ、2000万円で売りたいという話があったとしたら、すぐには用意できないかもしれません。しかし、多くの場合は、本来1億円の価値がある土地だと分かっていれば、なんとかして2000万円を用意するはずです。すぐに5倍の価値に化けると知っているためです。

ですから、「予算がなくて」と言っている場合は、本当にお金が用意できないのではなく、支払う代価に見合った価値がないと判断していることがほとんどです。

できる営業マンは、お客様の「予算がない」という言葉に惑わされない！

テーブルに着いた時点で予算はある

ここで例え話をしましょう。孫正義氏が、5000億円であるITベンチャー企業を買ったとします。ところが急遽現金化しなければならなくなったため、500億円で売却すると言っています。

10分の1のバーゲンセール。絶対にお得な話です。皆さんならどうしますか。私でしたら、そのテーブルに着くことはありません。いくらお得でも500億円というお金を用意することは、一般的な個人には無理です。

つまり、**どれだけお得であると分かっていても、絶対用意できない金額であれば、人はテーブルに着かないということです**。逆に言えば、用意できる金額の話であれば人はテーブルに着きます。

マンションのモデルハウス兼販売所で、販売員の説明を受けるためにテーブルに着いている若い夫婦がいるとします。マンションですから数千万円という大きなお金が必要になりますが、このテーブルに着いている時点で、その金額が用意できることを示しています。ですから、販売員が「いかがですか、こちらのお部屋のタイプは?」と尋ねたときに「うーん、予算が厳しいなぁ」と答えたら、代価に見合ったメリットをイメージできないか、他にも検討中の物件があるなど、別の理由の可能性が高いのです。もちろん、本当に予想していたより高くて驚いている場合もありますが、たいていは相場について下調べしてきているはずです。

予算が、と言われたら「他には何か懸念されていることはありませんか?」と尋ねてみ

ると、そのときの答えこそが、購入を渋っている本当の理由である可能性があります。

他に懸念材料はない、と答えられた場合は「分かりました。それでは、もし予算の問題さえ解決すれば購入してみたいとお思いですか？」と尋ねます。

ここで「いや、やっぱり……」と他に理由があるか、「そうですね、予算さえなんとかなれば」とやはり予算が問題だということかが明確になります。ここからは金額の交渉になります。値引きかもしれませんし、オプションを付けて割安感を出してもいいでしょう。支払い方法で解決するかもしれません。

予算以外に理由があった場合、再び聞き出しても答えを渋るようでしたら、このお客様は心を閉ざしたままですから「分かりました。今日は貴重なお時間をありがとうございました。今後○○さんの家選びのお役に立つ情報が入りましたら、しっかりとご案内させていただきます」と自分に宿題を与えて再訪の伏線を張りながら引き下がりましょう。

できる営業マンは、お客様が躊躇している本当の理由を引き出す！

営業は体育会系の職業ではない

営業というのは、あらかじめストーリーを考えておくという意味では技術職です。数を当たって、折れそうになる心にむち打ちながら、根性と体力で勝負する体育会系の職業ではありません。

ところが、時代遅れの営業哲学を持った上司たちが、営業職を体育会系にしているのです。そのため、多くの若手が「やっぱり自分は営業に向いていない」と判断して辞めていってしまいます。これでは、部下が育ちませんし、営業職を選ぶ若手が減るわけです。会社としても業績が上がりません。

営業職は技術職だ。これが本書で伝えようとしていることですし、私が全国で行っている研修で伝え続けていることです。

できる営業マンは、営業職が技術職だと知っている!

第10章

「電話では低い声を出すな！」は大ウソ

無理にテンションを上げて話しても、客に軽く扱われるだけ

私が社会に出て、最初に教え込まれたのが電話のかけ方でした。そこでは、「声を2オクターブ高くしろ、そうしないと怖がられるからな」と言われたのです。

しかし、これはダメですね。逆に、甲高い声の男性からかかってきたら、今度は信用できませんよね。怪しすぎます。

物事にはほどよい程度というものがあります。私の研修では、声を落ち着いて信頼されやすい高さにするように言っています。人の声質はさまざまですから、歌の発声練習のようにピアノの鍵盤をたたいて、「はい、この高さで声を出してください！」と言うわけにはいきません。その人その人の声の質に合った、落ち着いた高さがあります。

それでは、いったい自分にふさわしい、信頼される声の高さをどのように見つければ良いのでしょうか。

その前に一つ注意してほしいのは、声の調子というのは表情と連動しているということです。試しにやってみましょう。

まず、怒りに満ちた表情で歓びに溢れた声を出せるかどうかです。ものすごく怒っている形相で、次のように嬉しそうな声で言ってみてください。

「わーい、宝くじに当たったぞー！」

次に、歓びに満ちた表情で、怒りの声を出してみましょう。宝くじに当たったときの笑顔で、目の前で盗みを働いた泥棒を威嚇してください。

「コラァ！　おまえ、何してんだ！」

できませんよね。このことから、あなたの顔の表情の変化は電話でも相手に伝わってしまうことが分かります。

クレームの電話を受けたときに、「めんどくせぇ客だなぁ」といった表情で対応すれば、相手をないがしろにしている気持ちは電話越しでも伝わってしまいます。ですから、**誠実に相手に寄り添う気持ちを持って電話に出なければなりません。**

難しい方は、デスクに小さな鏡を置き、表情を先に作りながら話してみてください。

できる営業マンは、電話でも表情に気を配る！

電話の相手に「売れている営業マン」と思われる話し方のトレーニング

私の研修では、鏡を見ながら声を出すトレーニングを行います。

まず「皆さんが信用できる人の表情とは？」と尋ねます。そして、それをイメージして語りかけてみるのです。このとき、鏡にはどのような表情の自分が映し出されているのかを確認しながら行いますので、自然に声の高さや話す速度が定まってきます。

もう一つの方法は、二人一組になり、お互いが電話している様子の動画をスマートフォンで撮影し合うのです。そして自分が電話で話している様子の動画を見れば、どのような表情や声の調子で話しているのかを客観的に知ることができます。すると、自分でもどこを直すべきか分かりますし、お互いに気付いた点についても教え合います。

これを繰り返すと、だんだん落ち着いた話し方になり、信頼を得られやすい声の高さも分かってきます。

電話をかけるときに注意してほしいのは、相手の話すペースや声の高さに引きずられないことです。焦ったり緊張したりしていると、ついお客様の話すペースや声の高さに引きずられ、まともに話を進めることができなくなってしまいます。電話をかけたときは、絶対に自分のペースを守るように注意してください。

例えば病院で診察を受けるとき、医師は必ず自分のペースで語ります。いくら患者さんが動揺していても、そのペースは崩しません。医師側がイニシアチブを持っていますから、信頼されるのです。

営業マンも、自分のペースを守り、イニシアチブを取ってください。そのためには、二人一組になり、交互に営業マンとお客様の役で会話をしてみるのです。お客様役は営業マン役を、営業マン役はお客様役をお互いに自分のペースに引き込むように話してみます。

このようなトレーニングを行うと、相手に引きずられずに自分がイニシアチブを取る話し方を身に付けられます。日頃、話すペースは無意識ですから、これも日々現場で意識することが一番のレベルアップにつながります。

できる営業マンは、自分のペースで話すことでイニシアチブを取っている！

コラム

思い通りにならないからネタになる

私は、自分の店を火事で失ったという自身のつらい経験を子どもたちの授業や営業マン向けの研修では必ずお話しししています。

伝えたいのは、何事も解釈次第で人生を切り拓けるということ。店が火事になったときも、隣のお店に被害が出なくて良かった。これは神様が自分に対して示したメッセージだ。次のステージに進めと伝えているのだ、と思いました。それに、何事も起きない人生など面白くないよ、とも伝えています。

子どもたちにはゲームに例えます。何の工夫も謎解きも、何の技もいらないゲームは面白くないよね、と。まったくゲームオーバーにならずに簡単にクリアできるゲームなんか燃えないよね、と。

ステージが上がるたびに、新たな障害や強敵が現れる。何が起きるか分からない風景が待っている。だからドキドキするし、クリアしたときの面白さがある、と言っています。

若い営業マンたちにも言います。朝起きてから寝るまでごく平凡な男をなぞっただけのドラマを毎週見ますか？　退屈ですよね。

平凡なはずのサラリーマンが、出社したら警備員が血を流して倒れていた……。これなら続きが気になりますよね。
ゲームもドラマも、一筋縄ではいかないから面白いのです。

人生も同じです。もし、つらいことがあっても、悲しいことがあっても、いずれ後輩や部下ができたときのネタになるよと。

つらいことや悲しいことを乗り越えてきた大人だからこそ、誰かの相談にも乗れるし助けにもなれる。しかも、若いときはたいていの困難や失敗を乗り越えられます。20代や30代のときに会社が倒産しても、再就職してやり直せますし、自分で起業することもできます。しかし、60代で会社が倒産したら、路頭に迷います。起業するにも気力と体力が足りないでしょう。

ですから、若いときの苦労は買ってでもしろ、と言われるのです。

第11章

「お客様は神様！」は大ウソ

営業と客は対等の立場。丁寧になっても、媚びる必要はない！

「お客様は神様だと思え」と上司は言います。社長も「顧客第一」などと受付に掲げています。確かに、お客様がいない以上ビジネスは成り立ちませんから、お客様にご満足いただくことは大切です。

しかし、お客様が満足したり喜ばれるのは、自分たちが提供した商品やサービスの質が高いため。つまり、お客様に感謝されるようなプロの仕事をしているためです。それを「お客様は神様」だと考えてしまった途端に御用聞きになってしまい、かえってプロとしての仕事ができなくなります。

私たちは代価に見合った商品やサービスを提供しているのですから、お客様に媚びる必要はありません。もちろん、尊大な態度をとったり上から目線で接する必要はありませんが（あえてそのような戦略をとるコンサルタントなどもいますが）、媚びる必要はないのです。

例えば医師はプロとしてできる限りの手を尽くしてはくれますが、患者さんに媚びることはありません。

患者様は神様です、などと言っている病院に行きたいですか？　副作用が強い薬や飲み合わせが危険な薬でも、欲しがるのでしたら喜んで処方させていただきます、などと言っている病院は怖いですよね。

ですから、**「ご発注いただきましてありがとうございます」というのも本当はおかしいのです**。お礼を言った途端に、誰のための仕事だったのか分からなくなってしまいますよね。本当は「お役に立てて嬉しいです」が正解です。

特に紹介をされたときに「ありがとうございます」と言うと、「私のために新しいお客様を見つけていただいて」とも受け取れてしまいます。紹介者は営業マンの売上のために紹介しているのではなく、より良い商品・サービスを知っておいたほうが知り合いにも有益だと判断しただけです。

慣例的なビジネスマナーとして、受注した際のお礼はほどほどにしておかなければなりません。

私が研修でこのようなお話をしても、「うちの従業員がそんなことをすると生意気で尊大な態度になってしまう」と心配される社長さんが多くいます。

そこで「自分の商品やサービス、仕事の質に自信を持っている人と、とにかくペコペコしてお客様のご要望が第一ですと言っている人、どちらに発注しますか？」と尋ねると、皆さん前者だと答えます。

それなのに、自分の会社の営業マンには御用聞きでいることを強いてきたのです。自社の商品やサービスを自信を持って売れる営業、自分の高い専門性に誇りを持っている営業を育ててきていません。

矛盾していますよね。だから、業績が悪化してきます。

買っていただいたお客様には、優れた自社の商品やサービスを選んだこと、誇りを持って仕事をしている自分から買ってくれたことに対して敬意を表して「ありがとうございました」と言えば良いのです。同時に、質の良い商品やサービスを手に入れたお客様からも「ありがとう」と言われるような仕事を目指してください。

できる営業マンは、「（私のために）ありがとうございました」とは言わない！

「媚びずに気に入られるエネルギーの出し方」を身に付ける

お客様は神様ではありません。

「困ってるんだって？　仕方ないな。それじゃぁ、今回は私が○万円分買ってやるよ」

こんなふうに買っていただいた場合は、本当に「ありがとうございます」と深々と頭を下げるしかありません。

しかし、**代価に見合った、場合によってはそれ以上の品質の商品やサービスを提供できるのであれば、まったく媚びる必要はありません。**

そうは言っても多くの営業マンが上司や先輩から媚びる習慣を伝授されてきました。すでに癖になっている人も多いでしょう。

そこで、私の研修では、体に染みついてしまった媚びる癖を取り払うトレーニングを行います。

二人一組になっていただき、一方がセールストークを行い、もう一方がアドバイスとフィードバックを行います。アドバイスとは「もっとゆっくりしゃべったほうがいいよ」とか「もっと低い声がいいよ」あるいは「胸を張るといいね」などと改善方法を示すこと。フィードバックとは、「媚びて見えたよ」と指摘することです。

これを、相手からの指摘がなくなるまで繰り返します。これで体に染みついた媚びる習慣が取り払われていきます。まるで憑き物落としのように。

できる営業マンは、お客様に媚びない！

コラム

自死する子どもたち

私は企業の研修やセミナー、講演のほかに、ボランティアとして中・高・大学での授業も行っています。足代も自腹です。なぜか。

日本では約1年間で10歳から19歳の子どもや若者が599人自殺していると報告されています。* しかし多くの人がこの現実を知りません。

＊厚生労働省『平成30年中における自殺の状況』(https://www.mhlw.go.jp/content/H30kakutei-01.pdf)

これは私にとっては衝撃的な数字です。しかしある教育大学の先生のお話では、もっと多くの学生が自殺しているはずとのこと。多分、倍はいるだろうと。親が警察に届けていないだけだそうです。事件性がなければ警察も発表しませんし、統計にも反映されません。

まだ本物の恋愛もしていない、お酒の味も知らない、仕事の努力と達成感も知らない、そんな子たちが自殺しているのです。自分で働いたこともないですから、借金などの経済的困難に陥ったわけでもないでしょう。

ほとんどの子どもが、対人関係の悩みを苦にして命を絶っているのだといわれています。

過去には、多くの人が貧しくて食べることが困難だった時代がありました。しかし、地域のコミュニティーがあり、家族という共同体が機能することで、皆で支え合って子どもたちを育てているような状況だったため、誰もがたくましく生きていました。

現代の日本はどうか。皆、孤独になって死んでしまうのです。周りにはたくさんの人がいるのに、つながりがありません。一人ひとりのコミュニケーション能力が欠落しているのです。

私は、営業トレーナーとしての知見を応用してコミュニケーションの大切さや技術を伝えることができれば、この子たちを助けられるのではないかと考えました。それで時間の許す限り、学校に出かけていき、授業が終わるとアンケートに答えてもらいます。

すると、本当に心の声を書いてくれる子どもたちがいます。「生きる希望が持てなかったけど頑張ってみます」と。

第12章

「クロージング＝決断させること！」は大ウソ

クロージングとは客に決断させることではない

多くの営業マンが「クロージング＝お客様に決断させること」と勘違いをしています。

クロージングとは、お客様に支払い方法や始める時期、商品を「選択させる」ことです。

気になっている女性を食事に誘う場合で考えてみましょう。多くの人は「クロージング＝相手に決断させること」と思っていますから、次のような誘い方になります。

「ねぇ、今度ボクと食事に行きませんか？」

このように言われたら、確かに彼女は決断するしかありませんから「やめておくわ」あるいは「いいですよ」となります。このとき、彼女がＯＫしてくれる確率が惜しいことに49パーセントだったとしても、クロージングで決断を迫られていますから、迷った末ここは「お断りします」と答える可能性が高くなります。

しかし、「クロージング＝相手に選択させること」だと定義すれば、誘い方次第ではこの49パーセントを51パーセント以上に引き上げられる可能性があります。

「ねぇ、今度ボクと食事に行くとしたら、和食とイタリアンのどっちがいい？」

選択を要求されていますので、彼女は「イタリアンかな」あるいは「和食もいいな」と答える可能性が高まります。

そこで「イタリアンなら今週末と来週末のどっちがいい？」と尋ねます。これも選択ですので、彼女は「来週は忙しくなりそうだから今週末かな」と答える可能性が高まります。

「OK、それなら今週末に仕事が終わったら連絡するね」

これでしたらクロージングが成立しています。この例の肝は、最初の質問に彼女が「イタリアン」と答えた時点で、彼女にとっても食事に行くのが前提になったことです。そのため、49パーセントだったかもしれない可能性が、51パーセント以上に引き上げられているのです。

もちろん、女性にも男性の好みや、すでに彼氏がいる可能性がありますから、同じ方法で必ず女性を誘い出せるとは限りませんよ。念のため。

できる営業マンは、クロージングは「選択させること」だと知っている！

第12章

ニーズを作り出して選択させる複合技

相手に選択させる方法を営業の場面で使うと、次のようになります。

「仮に私どもとご契約いただけるとしたら、今月末の納入が間に合いそうですけれども、来月末とどちらがよろしいですか?」

するとお客様は、仮にと言われたことで頭の中でシミュレーションします。この段階で契約が前提になっているのです。

「どちらかというと、急いでもらったほうがいいから今月末かな」

そして畳みかけます。

「ちなみに、お支払いは一括と分割のどちらのイメージですか?」

「分割だと助かるね」

このように、お客様に決断ではなく選択させていきます。すでにお客様の中でも契約した前提でシミュレーションが始まっていますので、悪い言い方をすれば無防備になっています。**人は、思い描いたイメージに気持ちが引っ張られる傾向があります。**

私の営業スタイルはテンポが速いといわれます。その理由の一つは、今のように選択をさせていくためです。選択は決断よりも悩みません。そしてもう一つの理由は、脈がないところは早々に引き上げてしまうためです。

ただ、一見脈がなさそうなお客様でも、探りは入れます。例えば次のような会話で、ニーズを作り出すことができます。

ここからは、テンポの良さを感じていただくために、会話だけを記載します。安東は私で、家電品の部品を販売している営業マンです。

ロールプレイング

安　東「今日はお時間をいただきありがとうございます。お電話しましたように、新しい部品が御社の製品開発のお役に立てると考えてご紹介に上がりました」

お客様「あぁ、電話でも言ったとおり、今のところ間に合ってるんだよね。ただ、製品企画部の○○部長からの紹介ということだったんで。うちの開発部からも部長が出られれば良かったんだけれども、期待させたら悪いから課長の私がお話だけ伺いますよ」

安　東「ありがとうございます。そうですよね。御社が出されている製品を私どものエンジニアと一緒に拝見しましたが、とても優れた製品を出されているので、もしかしたら出る幕ないかな、とは思いました。実際、ユーザーの方々からの評判も良いとのことですし、非の打ちどころがありませんよね。企画部様からも評判が良さそうですし」

お客様「まぁ、そこそこ評価は高いのですがね。企画部からはいつも厳しいことを言われますよ」

安　東「そうなんですか？　どこも問題なさそうですけれども」

お客様「安東さんが見た製品ですけどね、もっとコンパクトにできるだろうって言われてるんですよ」

安　東「そうですか。でも、開発部様的には難しいですよね」

お客様「いやね、実は安東さんが見せてくれた部品ね。良いサイズなんですよ、本当は。それを採用すれば全体をもう少しコンパクトにできるんです」

安　東「本当ですか？　それならば私どもの部品が採用されないのはどうしてですか？」

お客様「コストが合わないんです。製品の販売価格は製品企画部で決められてますから、その価格に収めるには他社さんの今の部品じゃないとね」

安　東「なるほど、確かにコストは部品を決める上で重要な要素ですよね。私どもも、ご発注いただける数量によっては値段が変わりますが、御社は今、一回の発注数はどのくらいですか？」
お客様「5000個ですね」
安　東「なるほど。御社の製品は売れてますので、8000個で発注いただけましたら、○円で納品できますよ」
お客様「私の立場では判断できないなぁ」
安　東「そうですよね。大きなお金が動きますから、やはり社長様決裁ですか？」
お客様「いや、その金額までなら部長決裁です」
安　東「それであれば、一度私から部長様へお話しさせていただけませんか。もちろん無理にお勧めはしないので安心してください。部長様は今週末と来週末ではどちらがお時間いただけますか？」

ここで、「いつなら会えますか？」とは聞かずに選択肢を提示します。

お客様「ちょっと待ってね。部長のスケジュールを確認するので。あ、今週末なら空いてるね」

安　東「午前と午後のどちらがよろしいですか？」

お客様「午前中は会議があるから午後だね」

安　東「午後ですと、1時からと3時からではどちらがよろしいですか？」

お客様「午前の会議が延びると面倒だから、安全のために3時からが良いね」

安　東「分かりました。それでは今週末の午後3時に伺います。その際、8000個の場合のお見積もりをご用意してきます。ありがとうございました」

できる営業マンは、お客様に「はい・いいえ」ではなく、選択肢を提示する！

営業テンポを良くするための秘訣

なぜ、私の営業スタイルは他の営業マンよりもテンポが速いのか、気付かれましたか？

相手のニーズを引き出すのではなく、相手にニーズを作らせているからですね。もう一つは、**決断を迫らずに選択させているからです。**

さらにもう一つ。**気に入られようということに労力も時間も割いていないためです。**信頼されることを目指して会話をしているために、回り道せずに話が進むのです。

気に入られることから始めようとすると、商談に入るまでにかなり迂回し、自分だけでなく相手の貴重な時間も費やしてしまうことになります。そのような営業を積み重ねていくと、1カ月間に相当な時間がかかり、場合によっては1年間でまる1カ月分の時間を無駄にしている可能性もあります。

しかも、私の場合は事前に成約の可能性が高いお客様を絞り込んでいますので、無駄打ちが非常に少ないのです。

できる営業マンは、貴重な時間を「信頼される」ために使う！

コラム

営業は人生だ

若い人たちの就職先として、営業職はあまり人気がありません。大変だ、ストレスが大きい仕事だ、根性と体力が必要だというイメージがあるためでしょう。

しかし私は、営業は人生と同じだと考えています。

営業職ではどの部門よりも多くの人との出会いを経験し、プレゼンテーションや展示会、交渉などさまざまな場面も体験します。

常に良いことばかりではなく、がっかりすることもあれば、胸躍るような出来事もあります。さらに、挫折もあれば達成感もあります。そして、尊敬できるような人に出会うこともあれば、苦手な人に出会ってしまうこともあります。

若いうちはなかなか気付きませんが、いろいろなタイプの人に出会うことで人生の豊かさは増すと思います。イエスマンとだけ付き合っていれば楽ですが、そのような環境では自分が成長しません。視野も狭いままでしょう。

人生が一喜一憂の繰り返しであるように、営業活動もまた一喜一憂の繰り返しです。しかし、それに振り回されていてはいけません。

私の好きな言葉に「人間万事塞翁が馬」があります。この場合の「人間」は人ではなく世間を示すため、「じんかん」とも読みますね。塞翁《さいおう》とは昔の中国北方の塞《とりで》に住んでいた老人（翁）という意味です。

ある日、この老人の馬が逃げてしまうと、人々は気の毒がったのですが、老人は「そのうちいいこともある」と動揺しません。

すると、逃げた馬がもう一頭の駿馬を連れて帰ってきたのです。人々は「なんてラッキーなんだ」と言いますが、老人は今度は「これは不幸のもとになるだろう」と浮かれることはありませんでした。

その後、老人の息子がその駿馬に乗って落馬し、足を骨折してしまったのです。人々が同情して見舞うと、老人は悲しむこともなく「これが幸福につながるだろう」と言います。

果たして戦が始まり、若者たちが兵士として連れ出されてほとんどが戦死してしまいます。ところが老人の息子は足を骨折していたために、兵役を免れて生き延びました。

この話から、一喜一憂に振り回される必要はないのだという「人間万事塞翁が馬」という言葉が生まれました。

良いことがあったときは素直に喜んだり、自分を褒めても良いと思います。しかし、つらいことや悲しいこと、不快なことがあったときは「人間万事塞翁が馬」を思い出すのです。きっとこれは、良いことの始まりに違いない、と。

私は経営者としてたび重なる不幸に見舞われましたが、この言葉を思い出しては乗り切り、次の成功につなげてきました。人生には無駄がない。このことを実感しながら生きてきたのです。

せっかく営業担当になったのに「営業は苦手だ、つらい」と日々一喜一憂に振り回されている人は、人生においても振り回されているのではないでしょうか。

第13章

「まずは行動しろ!」は大ウソ

営業で結果を出すのは慎重派

若手の営業マンが悩んでいると、「ウダウダ考えるくらいなら、とにかく行動しろ。結果は後から付いてくるもんだ」と檄を飛ばす上司がいます。

営業には、デスクワークもたくさんあります。プレゼン資料や見積もりを作成したり、顧客リストをチェックしたり、報告書を書いたり……。ところが、古いタイプの上司は「とにかく出てこい」とあおることもあります。時代遅れも甚だしいですよね。

まずは行動しろと、というのは、何ら戦略も立てずに、行き当たりばったりで営業することです。これでは売れません。当たり前です。すでにここまで読み進めて来られた方ならご理解されていると思いますが、**一人ひとりのお客様の攻略法を十分に練って行動したほうが効率がよく、ストレスも少ないのです。**

確実に売上を上げている営業マンには、猪突猛進型よりも、慎重派が多いです。まず、成約率が高い顧客を抽出して、無駄な訪問に時間や体力、神経を使わないようにします。そして、抽出した顧客企業の一社ずつ、あるいは担当者が分かっていれば一人ずつの情報を収集し、攻略方法を練ります。ここでようやくアポを取って訪問するのです。

ですから、どうしても「出ろ、出ろ！」とうるさい上司でしたら、とりあえず「行ってきまーす！」とオフィスを出ればいいのです。極端なことを言えば、気が乗らない日はサボっても構いません。マッサージや映画で気分転換をしても良いでしょう。書店で役に立ちそうな本を購入し、どこかで読んでも構わないのです。そんなサボっていたら売上に響くと思った方は、上司の根性論に洗脳されかけていますよ。

私はたくさんの営業マンを見てきましたが、やるときはやる、サボるときは思い切りサボる、といったメリハリと余裕を持っている営業マンのほうが優秀な売上成績をたたき出しています。

むしろ、上司に言われるがままにとりあえず出かけて、あくせく働いているような営業マンは概して成績が悪いです。それはそうですよね。じっくりと戦略や戦術を立てずにやみくもに行動しているわけですから。

さらに言うと、**できる営業マンは休みもしっかり取ります**。そして、休むときは休む、仕事をするときは仕事に集中しています。

これは当たり前のようでいて、なかなかできていません。多くの営業マンは、働いているときに「早く土曜日にならないかな」などと休むことを考えています。せっかくの休みの日にも「明日から仕事だなぁ。そういえばあの面倒な案件、どうしよう」などと考えて

第13章

います。その結果、仕事の効率は上がらないし、休みの日に疲れが取れないのです。

結局、上司がなんと言おうとも、**営業は数字を上げてなんぼの世界**。数字さえ出していればとやかく言われる筋合いはありませんし、おそらく言われなくなります。

できる営業マンは、じっくりと戦略を練ってからお客様に会いに行く！

「仮説→実行→検証」の例

それではここで、営業戦略を練る上で重要な「仮説→実行→検証」の例を挙げてみましょう。

あなたは「仕入れ・在庫・販売管理システム」を販売している営業マンです。ご紹介をいただき、ある中古車販売会社の社長さんにアポが取れました。紹介者の情報では、その社長は55歳。実直な人で、節税対策に興味を持っていることが分かっています。

そこで、会いに行く前に仮説を立てます。まず、仮説通りにコトが運んだ場合の例です。

❖仮説を立てる

実直な性格で節税対策に興味があるとすれば、石橋をたたいて渡るタイプだろうか。

だとすれば、私から自社製品の情報を提供しても、「検討しておく」と言いながら、自分でも情報収集を行うかもしれない。

となれば、保留にされる可能性が高いな。

それでは、その場で即決しやすいように、あらかじめ同業他社の節税効果の実績をまとめた資料を用意して、説得力を高めておいたほうがいいだろう。

❖実行する

あなたは中古車販売会社の社長のもとに赴き、一通りの話を聞いた社長が言います。

「良い話をありがとうね。とりあえず、同業の知人にも話を聞いてみるよ」

——ほら、来た。仮説通りだ。

そこであなたは、用意していた資料を提示します。

「ありがとうございます。それであれば、私も今日、御社の同業他社様でこのシステムを導入した際の節税効果の実績データをお持ちしましたので、ご覧ください」

❖検証する

仮説通りに商談が成立したぞ。

つまり、実直な経営者は、同業他社の実績を知りたがる。そこで、あらかじめ同業他社の実績を用意しておけば、商談が成立する可能性が高いことが分かった。

これは、ノウハウとして残せるな。

次に、別の中古車販売会社の社長さんに営業をかけるため、前回うまくいったノウハウをもとに仮説を立てて臨みます。

❖仮説を立てる

以前の例からすれば、今回も同業他社の実績を見せれば即決していただけるだろう。

❖実行する

一通りあなたの話を聞いた社長が言います。

「話は分かったよ。しかし効果がいまひとつ見えないなぁ」

そこですかさずあなたは言います。

「社長。御社の同業他社様の節税効果に関する実績データをお持ちしましたので、ご参考にしてください」

しかし、社長の表情が険しくなります。

「いや、他社さんのことはいいんだよ。うちでどうなのかね」

どうやら当てが外れたようです。

「いいかい。うちのような中古車販売業っていうのは、一点物を扱っているんだ。車そのものもそうだし、装備やアクセサリーも一点物だろう？　会社の規模も立地条件もマーケットも違う。扱っている車の層も違うんだよね。だから、他社さんがどうかではなく、うちの会社にとってどれほど適しているのかを知りたいんだよ」

社長はすっかり機嫌を悪くしてしまいました。

❖検証する

確かに一点物を扱っていて、立地条件やマーケットが異なれば、同業他社の実績を参考にできないと考える経営者がいて当然だった。

中古車販売会社の社長には、同業他社の実績が有効なタイプか、自社独自の効果を推定したデータが有効なタイプがいるということだな。
だったら、今後は、その両方のデータを用意しておけば良いことになる。

ここに、新しいノウハウが加わりました。これが「仮説→実行→検証」の例です。ぜひ、ご自身の営業でも実践してください。

できる営業マンは、「仮説→実行→検証」を繰り返してアップデートする！

苦手なお客様への対処法

営業をしていると、なかにはどうしようもなく苦手なお客様と会わなければならないときがあります。
買いそうもないお客様であれば、無理して会う必要はありません。時間の無駄ですので、顧客リストから外してしまえば済みます。

問題は、買いそうなのに苦手なお客様です。つまり見込み客ですね。この場合は、営業としては会いたくないけれども、売れそうなので食いつきたいところです。

今の私は、これまでたくさんの人に出会って作られてきた結果です。そしてそれらの人々は、皆心が通じ合う人です。

最初は苦手だった人もいます。最後まで心が通じ合わないままの人もいました。

ただ、最初は苦手でも、かなり高い割合で心が通じ合うようになります。しかも、苦手な人から契約を取れると、自分の営業としてのステージと人としてのステージが一気に上がります。ですから、苦手な人に出会ったときは、かなり段差のあるステージアップの段階が訪れたと考えています。

皆さんも苦手な人に出会ったら、むしろチャンスだと思ってお付き合いしてください。

営業活動に限らず、日常生活でも同様です。苦手な人を一人克服するたびに、自分が許容できる人間性がまた一つ増えたと考えるのです。

しかも、苦手だな、と思った人が、何度か会ううちに、実はとても気心が通じ合う相手だったということはよくあります。つまり食わず嫌いですね。

それでもどうしても苦手なままのお客様がいる場合、「この人苦手だなぁ」と思っていると、顔や話し方といった態度に出てしまいます。おどおどしてしまうのです。

そこで、**苦手なお客様に会うときは、なぜ苦手なのだろうと考えてみてください。**高圧的なところかもしれませんし、意地悪だからかもしれません。

高圧的であれば、もしかしたら、意外と繊細で弱いところがあるのを隠すためかもしれません。意地悪であれば、自分に自信がないので、反抗しないと思える業者に対して無理を言うことで、優越感や自尊心を持とうとしているのかもしれません。そのように思っただけでも見方が変わってきます。

このように、苦手の原因を考えてみます。その結果が正解だった場合に、どのような手を打つのか。実は何もする必要はありません。なぜ苦手なのかを分析できた段階で、苦手意識が薄まり始めるためです。

つまり、苦手の因子を自身に問いかけて突き止めることが大切です。

できる営業マンは、「なぜ苦手な相手なのか」を冷静に分析している!

自分が見ているのは相手の一面

もう一つ、試してみてください。**嫌だなぁと思ったら、その人の背後を想像するのです。**

自分にはこんなに嫌な人でも、家では奥さんが待っていて「パパ、おかえり！」って娘さんが抱きついてくるのかも。きっと頼れる夫であり優しいパパなんだろうな、と。

このように想像して「自分が知っているのはその人のわずかな一面だけなのかも」と思うと嫌悪感が薄れ始め、逆に好奇心が持ち上がってきます。

結局のところ、苦手な人に対するテクニカルな対処法は少ないのです。こちらの心の持ちようで解決していくしかありません。

ただ、いつも不手際を叱られるとか、仕事の雑さを怒鳴られる、などが嫌である原因の場合は、営業である自分に問題がある可能性もありますので注意しましょう。

単純に、お客様の話を聞き取れていないとか、約束の時刻を守らない、あるいは見え透いたウソでごまかしたり、与えられた課題への回答をほったらかしにしていることが原因かもしれません。自分以外の営業や他の部門の同僚たちが、そのお客様をまったく苦手だと思っていなければ、そのときは自分に落ち度がないか考えてみる必要もあります。

いずれにせよ、そのままにしておくと、自分の精神的なストレスが大きくなり、心を病んでしまう可能性もありますから、ご紹介した何らかの方法で解消していってください。

それでもどうにもならなければ上司に相談して担当を代えてもらうか、見込み客のリストからそっと外すという方法も残っていますので、自分を追い詰めないようにしましょう。


できる営業マンは、苦手な相手への嫌悪感を薄める術を知っている！

急に真剣な表情を見せることもテクニック

私は講演や研修で、大勢の人の前で話をする機会が多いのですが、**特に記憶にとどめておいてほしい重要な箇所で皆さんの注意を引くために、いったん笑いを取ってから急に真顔になるというテクニックを使います。**これは営業でも使っているものです。

例えば、次のような会話の途中で使います。

ロールプレイング

安東「今回はお役に立てませんでしたが、また御社にとって耳寄りな情報が入りましたら、ぜひお持ちします」
お客様「いや、もういいよ、来なくても。来てもらっても買う予定はないからさ」

ここで一瞬だけ悲しそうな顔をした後、笑顔で続けます。

安東「え、そうですか。それは寂しいですねぇ。いやいや、本当に寂しい」

と、ここで急に真顔になります。

安東「ただ社長。プロとしてぜひとも知っておいてほしい情報というものが出てくるのですよ」

そして、笑顔に戻します。

安　東「そういった有益な情報があるときはまたお伺いしますね」
お客様「そうかい？　じゃ、そのときは連絡ちょうだいよ」

笑顔で話している最中に、突然真顔になり声のトーンを落とし、力を入れると、相手は「何事だ？」と話を聞こうと集中します。

このテクニックはプレゼンテーションでも使えます。軽い冗談で笑いを取った直後に、「いや、皆さん、笑っている場合ではないのですよ」と急に真顔になると、「え？　何？」と注意力を高めます。

できる営業マンは、相手の注意力を高める方法を知っている！

アドリブ上手は才能ではなく準備の熱心さ

「営業マンは機転が利かないとダメですよね」とか「安東さんはアドリブが利くけど、それも才能ですよね」と言われることがあります。

営業に限らずどんな仕事でも才能があるに越したことはありませんが、**機転が利いたりアドリブが上手な人の多くは、実は才能ではなく、準備の有無によるものです。**

「いつどのような場面や話題に遭遇するか分からないのに、準備などできないでしょう」という人が多いですね。しかし、準備なのです。

私の場合、現在取り扱っている商品について「今から説明してください」と突然言われても、まったく問題なく始められます。いきなり大勢の人の前で、「営業マンの心構えについて1時間ほど話してくれませんか？」とか「起業家が持っていたいマインドとは、というテーマで急遽講演してくれませんか？」と要請されても、すぐに対応できます。これは、私が普段から準備しているだけのことです。

ただし「今から心臓カテーテル手術について、1時間話してくれませんか？」とか「アメリカで話題になっているMMT（現代貨幣理論）について、30分くらいで解説してください」などと言われたら、お手上げです。それは、準備していないためです。

機転が利く人やアドリブが上手な人のほとんどは、実は日頃から準備しているのです。さまざまなTV番組に登場して、絶妙なアドリブで盛り上げている天才的なお笑いタレントでも、面白い言い回しや話のネタをおそらく日頃からストックしているでしょう。ストックにない話題を振られたときの切り返しのセリフも用意してあるはずです。寝ても覚めても人を笑わせることを考えているのでしょう。

そんなアドリブの天才と言われるようなスーパーお笑い芸人でも、突然「経済産業省が発表した数理資本主義における産官学の連携に期待されることは何か、といったテーマで30分以上話してください」と言われれば、沈黙してしまうでしょう。いや、常に用意している切り返しのギャグを飛ばして逃げてしまうかもしれません。どれほどアドリブが上手に見える人でも、ストックがないことについてはお手上げです。

できる営業マンは、アドリブに使えそうなネタを常にストックしている！

目指す高みに合わせて準備は変わる

機転やアドリブが利く営業マンは日頃からネタや切り返し方のストックを準備しているとお話ししました。この準備をどのくらいしているかで、営業マンとしての到達点が変わってきます。

これはアスリートと同じです。1番になりたいと思っていてもなかなか難しい世界。そんななかで、1番になりたいと思っていない選手が1番になれるはずがありません。打率3割を目指している打者は、日頃から3割打てるように準備しているのです。

営業マンでも、トップセールスを目指している人は、その準備をしています。**とりあえずノルマを達成できればいいや、と思っている営業マンがトップセールスになることはありません。**

登山で例えると分かりやすいでしょう。標高599メートルの高尾山に登ることを目的にしている人は、近所のコンビニに出かけるような格好では登りませんよね。標高3776メートルの富士山に登るには高尾山の準備では足りませんし、富士山の準備で標高8848メートルのエベレストに登ろうとすると死んでしまいます！

第13章

このように、目指す高みに応じて、準備の仕方も変わってきます。やはりトップセールスを目指している人は、普段からその準備を怠らないのです。

すでに引退してしまいましたが、島田紳助さんなどは、お笑い芸人としてのトップを目指してものすごく準備をしていたと思います。彼が司会の番組を見ると、実に素早く絶妙な突っ込みや切り返し、例え話をしていることに、多くの人が笑いながらも驚嘆します。天才だな、と。

才能もあったでしょうが、彼はゲストがボケたときの突っ込み、ゲストが滑ったときのフォロー、突っ込まれたときの切り返し、例え話に使えそうなネタを常に収集し、バリエーションを増やしていたはずです。

もちろん、彼とて準備できていないことは話せないでしょうから、突然心臓カテーテルについて医学会の発表会で講演してほしいと言われても難しいはずです。

できる営業マンは、トップセールスになるために必要な準備をしている!

第14章

「しっかりマニュアルを守れ!」は大ウソ

時代遅れの成功法則を真似るより、自分自身で考えてみる

上司から営業マニュアルを渡されたときは、とりあえず読んでおきましょう。少しは有益なことや、その企業独自の契約に関するルールなどが書いてあるかもしれません。しかし、セールスの仕方については、正直無視しても構いません。ほとんどが時代遅れだからです。私はマニュアル通りに実践してまったく売れていない営業マンをたくさん見てきました。

現在管理職になっている人たちが自分たちの成功例をもとに作成したマニュアルでは、モノが売れない現代には役立ちません。何を隠そう、私自身がその世代ですから、時代が大きく変化したことを身をもって体験しています。

企業に属している同世代の営業マンたちは、そのまま年功序列で管理職にシフトしていますので、実のところこの大きな時代の変化についていけていません。したがって、彼らの言うことを全て信じてはいけないのです。上司の前ではマニュアル通りに実践しているふりをして、実際には皆さんなりの営業をしたほうが売れると思います。

何度か述べていますが、インターネットが普及して情報を簡単に手に入れられる時代では、お客様はすでに最新情報を持っているという前提で営業しなければなりません。未だに営業マニュアルで、世間話から始めて「耳寄りな情報」を持ってきたことを伝えるなどと指導されているのを見ると、あまりの時代錯誤に目眩がします。

お客様は、商品やサービスに関する情報はすでに比較済みです。**知りたいのは、ネット上には出ていない情報、つまり現場を歩いている営業だからこそ知っている情報です。**

お客様と同業で同規模の企業が、どの製品やサービスを採用して成果を出しているのか。逆に、どんな点で失敗しているのか。このような情報を持っていることを告げれば、話に興味を持ってくれます。

できる営業マンは、お客様はすでに最新情報を持っていると知っている！

第14章

情報リテラシーの高いお客様にご機嫌取りトークは不要

紙上ロールプレイングを行ってみましょう。

あなたは今話題の、ホワイトカラーの業務を効率化するRPA（Robotic Process Automation）の営業担当者だとします。

ロールプレイング

あなた「すでにお電話でお話ししましたとおり、御社の業務の生産性を高めることに有効なRPAの紹介に上がりました。これまでにRPAをご検討されたことがございますか？」

お客様「ありますよ。ネット上にもいろいろと出てますのでね。比較検討済みです」

あなた「さすがですね」

ここでは残念がらずに、すでに比較検討されていることを肯定します。

あなた「ちょうど良かったです。実は、私どもの製品はすでに他社様の製品を比較検討されたことがあるお客様に好評なのです。まったくＲＰＡについてご存じないお客様ですと、かえって弊社の製品の特徴についてご理解いただくことが難しいのですが、すでに比較検討された方にはすごいね、って言っていただけているんですよ」

これは、相手がすでにこの商品について詳しいことを肯定した上で、だからこそ私の話は聞いておくことが有益ですよ、と伝えているところです。

あなた「もちろん、ＲＰＡは導入する業務内容により相性もございますから、御社は最適ではないということでしたら無理にお勧めはしませんので、お断りいただいてまったく構いません」

ここで、相手にいつでも断れるという安心感と、この情報は無駄にはならないという安心感を与えておきます。

注意してほしいのは、一般的な営業マニュアルに書かれているようなご機嫌取りは一切していないということです。すでに商品情報が豊富なお客様にとって時間の無駄。営業にとってもかえって本題に入りにくい流れができてしまいます。それよりは、すぐに希少価値のある情報を提供したほうが、前のめりになって聞いてくれるのです。

あなた「今日は、御社と同規模の企業様で、弊社のRPAを導入されたことで業務時間を60パーセントに圧縮でき、『働き方改革』に対する取り組みとしても成功された事例をご紹介させていただきます」
お客様「それはスゴイね。ちょっと詳しく聞かせてよ」

インターネットを利用して商品やサービスを比較検討できる時代、**お客様が知りたいのはその商品の販売に携わってきた営業だからこそ知っている、まだネット上では得られない現場の最新情報です。**現代の営業マンは、そのことをよく認識した上で、お客様を訪問すべきです。

できる営業マンは、希少価値のある情報を提供できる！

時代遅れの営業マニュアル

時代遅れのマニュアル通りの営業例を紙上ロールプレイングで見ておきましょう。

あなたは、ハウスメーカーの営業マンで、モデルルームを見に来られたお客様に対応しているところです。この日は土曜日で、春のモデルハウスフェアを開催中。一つの会場に複数のハウスメーカーがモデルハウスを展示しています。

ロールプレイング

●悪い例

あなた「いらっしゃいませ。すでにいろいろと見て回られたようですが、気に入られたものはありますか？」

お客様「いや、ちょっと見に来ただけですので、すみません」

あなた「そうですか。いや、結構ですよ。じっくりとご覧になってください」

実はこのモデルハウスの見学では、入場する際に住所・氏名・電話番号を記帳していただいていました。そこであなたは、営業マニュアルに従って翌週の土曜日の午前中、いつもより2オクターブ高い声で来場されたお客様に電話をかけます。

あなた「〇〇ハウスの安東です。先週は、春のモデルハウスフェアにお越しいただきありがとうございました。その後、ご検討いただけましたでしょうか。よろしければ、本日の午後にでもお伺いしたいのですが」
お客様「え？　どなたでしたっけ？　別に検討はしてないですよ。今すぐにでも買いたいということではありませんから、来られても特にお話しすることもありません」

お客様はおそらく苛立っています。どのハウスメーカーの営業も、判で押したような時代遅れのマニュアルに沿って電話攻勢をしており、このお客様の家にもすでに数件のハウスメーカーから同様の電話がかかってきていたのでした。

それではどのように対応すれば良かったのでしょうか。私の研修では次のようなロールプレイングを行います。

ロールプレイング

●良い例

あなた「いらっしゃいませ。すでにいろいろと見て回られたようですが、気に入られたものはありますか？」

お客様「いや、ちょっと見に来ただけですので、すみません」

あなた「そうでしたか。検討前にもいろいろと見ておきたいものですよね。今日はどちらからいらっしゃったんですか？」

お客様「近所ですよ。隣の○○区です」

あなた「○○区は住みやすい町が多いですよね。それではまた、ぜひ私どものモデルルームを見にいらしてください。このイベント会場とは別に、弊社の常設モデルハウス展示場もこちらにございます」

ここでお客様に、自社の常設モデルハウス展示場のパンフレットと名刺を渡します。

あなた「ちなみに今お住まいの地域も良いところだと思うのですが、引っ越しを検討されているのですか？」

お客様「今はアパートなんですけどね。そろそろ手狭になるかなと思って」

あなた「なるほど、それで初めての戸建て住宅を検討されているのですね」

お客様「そうなんです」

あなた「他社さんでも良い家がございますので、じっくりと検討されたほうがいいですよね。特に家を建てられるとなると、いろいろと知っておくべきことがあるので、皆さん苦労されてます」

お客様「そうなんです。多すぎて、まいってますよ」

あなた「大きな買い物ですから、ここは慎重にご検討されてください。私どもでは○○区も含めて多くの実績がございますし、地域の最新情報や都市計画などをキャッチアップしておりますので、もし、お客様に有益な情報がございましたら、ぜひご連絡させてください。どこで建てるかは別として、こうしてご縁があった方には家選びでは絶対に失敗してほしくありませんから、そのような情報が入りましたらお伺いしますね」

お客様「そうですね」

これで営業マンは課題をいただいたことになり、しばらく期間を空けてからでも、訪問する理由を手に入れたことになります。

できる営業マンは、営業マニュアルを鵜呑みにしない！

上司が「優秀な部下」をつぶそうとする真理

上司が優秀な部下をつぶす、あるいは伸びそうな部下の芽を摘む。映画かドラマのようですが、実は営業部門では頻繁に起きています。すでにそのような目に遭われている方もいるかもしれませんね。あるいはまだ気付いていないだけかもしれません。

もしあなたの上司が次のような特徴を持っていたら、要注意です。

・「努力が足りない」などと抽象的な精神論や根性論ばかりを言う

・「数字を上げろ」とばかり言って、具体的なノウハウを教えてくれない
・自分はリピート顧客ばかりを抱え込み、部下にばかり新規開拓をやらせる
・昔の自慢話ばかりする
・テクニカルな相談をしても、具体的なアドバイスをくれない

いかがですか。心当たりがありませんか？

「いやいや。上司たる者、優秀な部下が入ってきたり、部下の成長を喜ばないはずはない」

そのように思っているとしたら、あなたはいい人過ぎます。

営業部長や支店長になったような人たちは、自分自身の営業マンとしての実績でのし上がってきました。たとえ協調性や思いやりに欠けているなど人間性に問題があっても、経営陣からすれば数字を持ってこれる営業マンは魅力的。ですから、より会社に利益をもたらすことを期待して、営業部長や支店長などに引き上げるのです。

ところが引き上げられた当人たちは、「俺が、俺が！」と周りを蹴落として成り上がってきていますから、一国一城の主になると、部下や周囲を引き立てるよりもさらに自分を目立たせ、マウントポジションを取りたがります。

自分の功績を主張するためなら、部下の功績を横取りするなど平気です。私が見てきた限り、そのような営業部長や支店長は全体の9割ほどです。

ほとんどの人たちは、そこから上への出世、例えば役員クラスへの出世が難しい立場にいますから、現在の地位を死守しようとします。そのため、**優秀な部下や成長の伸びしろがある部下は、自分の地位を脅かす存在でしかありません**。反面、**部下たちが成績を上げなければ、自分のリーダーとしての成績も上がりません**。

その結果「数字を持ってこい」と檄は飛ばしますが、自分よりも優れていることは許しませんから、きちんとした教育や自分の顧客ののれん分けもしません。自分よりも優秀な部下がいれば、嫉妬心と恐怖心から無意識につぶしにかかります。しかも、自分はモノが売れた時代に顧客をつかんでいますから、現在は新規開拓の能力がなくてもリピートである程度の数字を維持できています。

そのため、新規開拓をせざるを得ない若手をバカにするのです。まだそんなことやってるのか、と。

できる営業マンは、上司が常に部下を育ててくれるとは限らないと知っている！

上司から自分のセルフイメージを守らなければならない

ある会社の営業部門の方々と食事をする機会がありました。同席していたのは50代の部長、30代の営業マンたちです。

最初はにこやかに食事をしていたのですが、何かのきっかけで、部長が部下をバカにするような態度を示しました。冗談だったのかもしれません。しかし、部下たちには日頃からくすぶっているものがあったのか、部長にかみつきだしたのです。

「もっと丁寧に指導してくれませんか？」

するとその部長は言いました。

「お前たちは、まだ何もできていない。教える段階じゃないからな」

新卒の部下ではありません。もう30代になっている部下たちに言った言葉です。

私は思いました。

――この部長は、部下をまともに教育する気はないな。あるいは、教えられるほどの再現性のあるノウハウを持っていないのかもしれないな。

その両方だったかもしれませんが、この部長は部下のセルフイメージをつぶそうとしているな、と感じました。営業マンにとって、最も大切なのはセルフイメージです。**自分のことをダメな営業だと思っていては、いくら能力があっても伸びません。**

スポーツ選手と同じです。自分で「打てるわけがない」と思っている選手が打席に立っても、打てるはずがありません。「俺には打てる」と思っているからこそ、練習を続けられるし、工夫も続けられるのです。

多くの場合、部下は上司を選べません。では、どのようにして自分のセルフイメージを守るのか。

まず、**上司が自分を否定するような言葉をかけてきたら、「なるほど、これがつぶそうとしている言葉だな」と思って、真に受けないようにしましょう。**表向きは「分かりました。頑張ります！」と言っていれば良いのです。**大切なのは、自分を守ることです。そして、自分自身で仮説を立てて実行し、検証するということを繰り返してください。**

そもそも皆さんの上司は、年平均10パーセント以上の経済成長をしたような追い風の中でモノを売ってきています。毎年のように売上が上がって、給料も上がり、ボーナスも増えて車も買えるし、家も建てられるという時代でしたから、仮説・実行・検証などというサイクルを回したことがありません。昔からの顧客の受注に今でも頼っている場合さえありますから、現代で売るためのノウハウを部下に教えられないのです。

「おいおい、俺だって大変なときがあったんだ」

そう言う上司もいますが、そのような時期は一時的なこと。特に対策を練らなくても、翌年には再び売れるようになっていました。それを、自分の努力の結果だと勘違いしている人が多いのです。

できる営業マンは、上司につぶされない方法を知っている！

会社も営業も、勝った理由で負ける

営業マンは自分自身で仮説・実行・検証のサイクルを繰り返す必要があると述べました。

上司が当てにならないのは、彼らのほとんどが追い風の中でモノを売ってきた時代に実績を積んだ人たちだからです。

このことは、同じ時代に成長した企業にも当てはまります。日本では、成功や失敗に対して仮説・実行・検証のサイクルを回してこなかった企業が多いように思えます。

近年ではＰＤＣＡ（plan-do-check-action）サイクルを経営や各種業務に導入することが流行していますが、実際にできているところは少ないでしょう。私が奨励しているよりシンプルな仮説・実行・検証ですら行う習慣を持たない企業が、ＰＤＣＡサイクルを導入することは難しいのです。

多くの経営者が、たまたま追い風の時代に事業が成功しているので、仮説・実行・検証を行わず、単純に自分の才覚で成功したと思い込んでいます。時代が変わり追い風がなくなると、元々経営力がありませんでしたから、簡単に経営不振に落ち込んでしまいます。このような企業は、経営不振を不景気のせいにします。

経営者がもっと視野を広げれば、実は自分が運任せに事業を行ってきたことが分かるはずです。バブル絶頂期でも倒産した企業はあった一方、リーマンショックのさなかでも成長した企業があります。そのことに気付くだけで、本当の経営力とは、景気に左右されないことだと分かるはずです。

私はよく研修で言います。会社も人も、勝った理由で負けると。

戦国時代。武田信玄の騎馬軍団は、強かったがために鉄砲の導入が遅れたのです。逆に織田信長の軍は弱かったため、早期に鉄砲を採用したといえます。

営業マンも注意しなければなりません。**勝った理由で負けないためにも、常に仮説・実行・検証を行うことです。**

できる営業マンは、勝っても決して油断しない！

第15章

生き残れる営業とは

トップセールスは常に未来を考える！

企業の株価は、世の中に求められている商品やサービスを提供することで上がります。サラリーマンの株価ともいえる給料や地位も、会社やお客様への貢献度に合わせて高まります。

私はよく、時間とお金とエネルギーをどのように使うか考えたほうがいいと言います。多くのサラリーマンが、給料日になると「これくらい贅沢してもいいよな、1カ月頑張ったご褒美だもんな」とお金を使ってしまい、給料日前にピーピー言っています。これは、未来の自分の価値を高めること、自分の株価を上げることに関心がない表れです。

まったく浪費するなとか、贅沢は禁物だとは言いません。自分の楽しみにお金を使うことは人生を豊かにしますし、ときには気晴らしも必要です。しかし、その程度を客観的に把握せず金を使っていると、ある段階から消費も浪費に変わります。

今から使おうとしているお金は、果たして単に生きるための消費なのか、あるいは刹那的な浪費なのか、それとも将来の自分の価値を押し上げるための「投資」なのかということを常に意識してください。**お金の使い方に対する自分なりの尺度を持つのです。**

この尺度は、時間に対しても使えます。これから費やす時間は消費なのか浪費なのか、それとも投資なのか、と。

このように、お金を使うときには常に、それは消費なのか浪費なのか、あるいは投資なのかという3つの区別で考える習慣ができると、自ずと自分に必要な配分を調整するようになります。「待てよ、今月はちょっと消費が多くて投資が足りていないのではないか？」と。この習慣は、必ずこれからの人生を良い方向に変えていきます。

このようなことを普段から考えているサラリーマンの方は決して多くはないと思います。ところが私を含めた経営者といわれる人たちは、常に浪費を減らし、消費（経費）と投資のバランスを考えています。そのお金の使い方は経費なのか投資なのか。これは経営にとって売上や利益と同じように重要です。

売上を上げても、経費がかかりすぎていたり、投資に回すお金がなければ、その企業は衰退していきますから、企業は自社の株価を上げるために戦略的な経費の使い方と投資を行います。これが個人になると、ぴんとこない人が多いのです。自分の将来の価値を高めるために消費と投資を行っている人は少ないでしょう。

その点、私は幸運でした。20代前半にして、給料のうち最低でも1割は将来の自分のために投資しろ、と教えられたからです。そのことを私は愚直に守ってきました。

できる営業マンは、自分が使うお金を「消費」「浪費」「投資」で分けている！

自分への投資が自信を育てる

私が投資してきたのはお金だけではありません。尊敬できる人の話を聞くことやトップセールスマンの鞄持ちをする日を作るなどで、時間も投資してきました。彼らと行動を共にすることで気がついたのは、誰も「忙しい」と言わないことです。

売上の悪い営業マンたちは、皆一様に「忙しい」と言っていました。これは、自分の戦略に基づいて行動できていないためです。仕事に追われて行き当たりばったりで行動しているのです。

一方、**トップセールスマンは多くの仕事をこなしているのですが、実に戦略的に行動し**

ているので効率が良いのです。むしろ他の営業マンより行動量が多いにもかかわらず、時間的な余裕を持っています。

その様子を見た私は、ますます自分のために投資するようになりました。これは、と思う人がいれば、当時暮らしていた福岡から東京まで話を聞きに行きましたし、有益と思えるセミナーやビデオにもお金と時間を使い、本もたくさん読みました。

全てのセミナーやビデオ、本がまるまる有益であったとはいえません。2時間のセミナーやビデオで心に刺さったのは数分ほどだったこともありますし、1冊の本を読み終えても感銘を受けた部分はほんの数行ということもあります。

しかし、それで良いのです。そのわずか数分の話や数行の言葉に出会えたことが、将来の自分にプラスの影響を与えてくれたのだとすれば、それらに支払った代価は決して高くはありません。しっかり元は取れたぞ、と思います。そして何より、自分は将来の自分に対してちゃんと投資しているぞ、という自信につながります。

できる営業マンは、常に「自己投資」としての時間の作り方を工夫している!

第15章

日々の業務は「必須事項」と「重要事項」に分類してから順序付け

トップセールスマンは余裕を持って仕事をしています。一方、売れない営業マンほど、「忙しい」を口癖にして、実際余裕のない働き方をしています。

この違いの原因は、主に二つあります。

一つ目は効率よく働いているかどうか。すでにお話ししてきましたとおり、営業であれば、成約率の高いお客様に絞り込んで営業をかけ、見込みがない場合はいつまでも執着せずに、再訪するための課題を自分に課して速やかに去るということでした。

そして二つ目は、その日に「必ずやること」と「できればやること」の分類。つまり、「必須事項」と「重要事項」に分けることです。

常に忙しい人は、この分類ができていないために、今やらなくてもいいことに手を付けてしまい、後になって慌てているわけです。優先順位がごっちゃになっている結果、気ぜわしいという状況になります。

いったん気ぜわしさにのまれてしまうと、目の前のことしか見えなくなってしまい、自分の状況を客観的に俯瞰することができなくなるため、判断力も落ちてしまいます。その結果、自分が抱えている全てのタスクを合理的に処理できなくなり、ますます忙しくなってしまうのです。

このような状況から脱するためには、どこかで腹をくくって、**いったん自分が抱えている全てのタスクに対して優先順位をつける時間を設けることです。**

例えば出社後の1時間は、「今日必ずやること」と「できればやること」に分類し、それらに優先順位をつける時間と決めてしまいます。前日の夕方の1時間でもいいでしょう。

気ぜわしい気持ちになると、そんな悠長に構えていられないと、いきなり目にとまった仕事から着手するかもしれませんが、そこはぐっと我慢します。その結果、実はバタバタしなくても落ち着いて処理できるのだということに気がつきます。

このように冷静に仕事を処理できるようになると、実は抱えているかなりの仕事を他の人に頼むことができると気がつき始めます。

気ぜわしい状態では、人に仕事の説明をする手間や時間まで惜しいと思い、自分で何もかも抱え込んでしまいます。しかし、仕事に優先順位をつけることで気ぜわしさから脱すると、後輩や外部の協力先などにきちんと指示を出すことができます。

自分の優先順位をつけると、相手の忙しさを理解できる

自分の仕事に優先順位をつけるようになると、忙しいお客様のアポを取るポイントも分かってきます。相手の優先順位の上位に、自分と会うことを入れられるようになるのです。

特に、社長クラスのお客様のアポを取ることが苦手な営業マンは多くいます。

「社長って忙しいからつかまらないよなぁ」

良く聞くセリフです。こんなことをぼやいている人（営業マン）は、相手（社長）にとっては会うことが重要事項にも必須事項にも入っていないはずです。

逆に言えば、自分と会うことが相手にとって重要事項、もしくは必須事項であると認めてもらえば良いのです。

電話して「社長、近いうち一度お会いしたいのですが、お時間ありますか？」と言った

ところで、「今忙しいんだよね」と断られてしまいます。しかし「社長、御社にとってとても有益な情報が入りましたので、お時間いただけますか？」と言えば、相手はあなたと会うことを重要事項だと考え始めます。そこで今度は、「このお話は今月中にしておいたほうが良いと考えていますので、明日の午後ではいかがでしょうか？」と言えば、緊急性を感じて必須事項に入ってくる可能性があります。

つまり、**アポをなかなか取れない営業マンというのは、相手から見れば会うことに利益を感じられないわけです。**人は自分に利益がないと思われることに対して、代価を払わないのです。

自分自身で物事に優先順位をつけられるようになると、相手にも優先順位があることを理解でき、自分と会うことが優先順位の上位になるようにする方法を考えられるようになります。

となると、**相手が重要事項だ、あるいは必須事項だと思えるほどの情報を持っていなければなりません**から、営業マンは常日頃から情報収集や勉強をしておく必要があります。

できる営業マンは、お客様にとって会う優先順位の高い人物を目指す！

相手に伝染するほどの高い志を持つ

売れている営業マンは紹介による新規顧客を重視していますが、紹介されたお客様だからといって、必ずしも売れるわけではありません。逆に、紹介されたから仕方なく会ってやっている、といったお客様も出てきます。

このような「仕方なく」会ってやっている、といったお客様を「ぜひ会ってみたいと思っていた」というお客様に変えるためには、紹介者に伝染するほどの高い志を営業マンが持っている必要があります。

「Aさん、Bさんがなかなかつかまらないんですよ。ここは一つ、AさんからBさんをご紹介いただけませんか？」

こうやって何度も頼み込むことでようやく得られた紹介ですと、Bさんは「Aさんからしつこく言われたから仕方ない」という姿勢でテーブルに着きます。このような場合に売れることは期待できません。

しかし、営業マンが商品やサービスに対する高い志を持っていて、それが紹介者にも伝染した場合は、成約率が高くなります。

「Aさん、このシステムをBさんの会社にも導入すれば、必ず業務効率が高まります。ぜひ、Bさんをご紹介いただけませんか？」

Aさんが日頃からこの営業マンの商品に対する自信と情熱を感じていて、Aさん自身もこの営業マンから購入した商品で利益を得ていて、営業マンと商品への信頼を持っていれば、Bさんに情熱を持って紹介するでしょう。するとBさんは、Aさんがそれほど惚れ込んでいる営業マンと商品であれば、きっと自社にも有益であるに違いないと思って、会ってくれます。この場合は、売れる確率が格段に高くなります。

このように、**成約率が高いといわれる紹介でも、紹介者に営業マンの志が伝染しているかいないかで状況は変わってきます。**

できる営業マンは、周囲に伝染するほどの高い志を持っている！

周りに自分のファンがたくさんできると一流の仲間入り

商品やサービスの良さだけでなく、営業マンの志の高さがお客様に伝染し、そのお客様が新規のお客様を紹介してくれる。

こうなってくると、いよいよ一流の営業マンになったといえます。売れている営業マンは周りに自分のファンをたくさん持っているのです。商品やサービスが売れたとき、営業マンが「お役に立てて嬉しいです」と言うと同時に、お客様からも「良い商品をありがとう」と言われるようになります。

このように感謝されるのは、商品やサービス自体の質が高いことも当然ですが、**営業マンがお客様に必ず貢献できる、社会に貢献できているという信念があるためです。**

売上を伸ばそう、ノルマを達成しようといった動機だけで営業していても、紹介が増えて感謝されることはありません。自己の利益のために動いているからです。人は、他人の利益のためには動きません。売ろう、売ろう、としている営業マンは、自己の利益のため、いわゆる我欲のためだけに行動していることが相手からは見えてしまいます。

逆に、お客様のためになるもの・ことは何か、そのことで社会に貢献できることは何か、という視点から営業している場合は、その表情や話の節々から、相手の利益を考えていることが伝わります。すると相手も共感して、購入したいと思うようになるのです。この境地に入ると、会ったお客様のほとんどが購入してくれるという状態になります。

できる営業マンは、お客様から「良い商品をありがとう」と言われる！

「志」と「想像力」を持ったセールスマンだけが、AI時代に生き残る！

「売れる営業マンには志が必要だ」と説きました。これはもちろん、同業他社の営業マンたちに対する競争力の強化も意味しています。

ところが現代社会の変化が、志と想像力を持つことに対してこれまで以上の意味を持たせ始めてきました。それはＡＩの進化です。ＢｔｏＣ（一般消費者向け）においても、ＢｔｏＢ（企業向け）においても、顧客に最適な商品やサービスを紹介するということでは、

第15章

ＡＩのレコメンド機能が人間の営業マンよりも優れている時代になってきたのです。

ＡＩはビッグデータを解析することで顧客のニーズを的確に捉え、最新の商品・サービス情報をインプットされていますから、常に今最適な商品・サービスを提示することができます。人間の情報収集力と学習の速度では追いつけません。少しでも情報収集や学習をサボったら、ＡＩとの差はもはや挽回不能なほど開くことでしょう。

例えば会計システムを売ろうとしているとき、ＡＩを使えば全国の企業の従業員数や売上規模、借入規模、財務状況、商品の市場規模などさまざまなデータから、各企業にふさわしいレベルの会計システムを推奨できます。これを人間の営業マンが手作業で行おうとしても、まったく歯が立たないでしょう。

ところが、このＡＩに勝てる方法があります。それこそが、志と想像力を持つことです。

ＡＩが歯牙にもかけなかった中小企業でも、営業マンがこの会社の経営者の考えは新しいし、従業員の士気も高い、と感じれば「今はその企業の規模にふさわしくなくても、近い将来必ず必要になるときがくる」という思いを持って、経営者に売り込みをかけることができます。そこでその企業の成長と経営者の手腕を信じて「今から準備すべきです」と志を持って語れば、経営者はその志に共鳴して購入する可能性があります。

また、やはりＡＩが取りこぼしていても、社会に必要な製品を供給している重要な存在でありながら、経営者の引退が近いために新しい技術を取り入れていない企業があったとします。

「後継者である次の世代は、このままでは良くないと考えているのではないだろうか」などと、営業マンが想像力を発揮して、この企業に可能性を見いだすことができれば、現経営者に、「後顧の憂いなく事業承継するためにも、経営基盤が安定している今のうちに、新しいシステムを導入しておくべきです」と高い志を持ってプレゼンすることで、経営者はシステムの導入に踏み切る可能性があります。

このように、**志と表現力を持った営業マンであれば、AI時代にも生き残ることができるのです。**

できる営業マンは、「志」と「想像力」でAIに勝つ！

おわりに

ビジネスの現場ではPDCA（plan-do-check-action）サイクルを回せと盛んに言われていますが、実践できている人は少ないでしょう。

本書では、より実践的でシンプルな「仮説・実行・検証」を繰り返し述べてきましたが、意味はほぼ同じです。そして、重要性も同様です。

本書をここまでお読みいただいた皆様に、ぜひお伝えしておきたいことがあります。

ここまで紹介したさまざまな手法について、これは自分の仕事にも活かせるな、と共感していただけたところがあれば、ぜひ実践してください。

研修やセミナー、そして書籍には、大きく頷きたくなるところや、はっとさせられるところ、あるいは強く反省させられる話があります。それらはとても有意義な情報には違いありません。

しかし本当に大切なのは、せっかく出会えたノウハウを実践してみることです。知識として「分かった」ことを、能力として「できる」ようにするためには、繰り返し実践して反復することが大切です。

私たちが九九を暗算できることも、自転車にたやすく乗れることも、紛れもなく反復の賜物です。日本で育った人が、大人になってから努力して英語を話せるようになるのは、反復練習したからです。何度も何度も聞いて、話して、読んでを繰り返したためです。

営業も同じです。私も「所詮センスですよね」とよく言われますが、営業力は反復練習で高めることができます。

ですから、本書をお手に取った方には、必ず何度も読んでいただきたい。そしてご紹介したロールプレイングやノウハウを反復して実践していただきたいと思っています。

実践しても成果が出なかった場合は、おそらく「なんだ、やってみたらダメだった」で終わってしまうでしょうが、ここからが重要です。なぜダメだったのか、分析してみるのです。つまり「仮説・実行・検証」のサイクルを回し始めることが大切です。そのことで、初めてノウハウが血肉となるのです。

私が60~70万円もする自己啓発プログラムの営業をしていたとき、クロージング率は92パーセントでした。食品や薬、服などとは異なり、別になくても生活に困る商品ではありません。

ではなぜ、この高いクロージング率を達成できていたのか。それは、私が常に「仮説・実行・検証」のサイクルを回していたためです。どこにニーズがあるのか、どのようなストーリー展開でアプローチするのかという仮説を立て、実行する。成功すれば仮説が正しかったことを確認でき、失敗すればその理由を検証する。この繰り返しです。

私たちの話し方や表情、行動パターン、判断の仕方は全て習慣に基づいています。それが良い習慣なら構いませんが、悪い習慣なら直したいですよね。ところが人の習慣を変えることは、思いのほか大変です。

習慣を変える方法は二つしかありません。習慣を地形だとすると、隕石が落ちてきて大きな衝撃で一気に変えるか。もしくは、長い年月の風雨によりグランドキャニオンのように変えていくか。

隕石衝突型の衝撃は、変えなくても良い部分まで壊してしまう危険性があります。それよりも、狙ったところに水滴を垂らし続けるという「反復」の力で変えるほうが安全です。しかも、「反復」の力で変えた形は、簡単には戻りません。

本書が、皆さんの良き習慣を形作るための水滴になれば、これ以上の歓びはありません。

最後になりますが、本書を出版するにあたり、ご理解をいただいたソーシャル・アライアンス株式会社の創業者である桑原正守様、岡根芳樹代表、株式会社オーシャンズの三井裕代表、コーディネートしてくださった糸井浩さんに心より感謝申し上げます。

２０２０年３月吉日

株式会社フェニックス代表取締役

安東優介

✓	格　言	掲載ページ
	第8章　「前向きに行動しろ！」は大ウソ	
	お客様が買いたくなる方法を余裕を持って考える	111
	変えられない現実をプラスに解釈できる	114
	第9章　「とにかく客に会え！　数をこなせ！」は大ウソ	
	むやみに人に会わずに、お客様を選ぶ	123
	お客様の「予算がない」という言葉に惑わされない	125
	お客様が躊躇している本当の理由を引き出す	127
	営業職が技術職だと知っている	128
	第10章　「電話では低い声を出すな！」は大ウソ	
	電話でも表情に気を配る	131
	自分のペースで話すことでイニシアチブを取っている	133
	第11章　「お客様は神様！」は大ウソ	
	「(私のために) ありがとうございました」とは言わない	140
	お客様に媚びない	142
	第12章　「クロージング＝決断させること！」は大ウソ	
	クロージングは「選択させること」だと知っている	147
	お客様に「はい・いいえ」ではなく、選択肢を提示する	152
	貴重な時間を「信頼される」ために使う	153
	第13章　「まずは行動しろ！」は大ウソ	
	じっくりと戦略を練ってからお客様に会いに行く	160
	「仮説→実行→検証」を繰り返してアップデートする	164
	「なぜ苦手な相手なのか」を冷静に分析している	166
	苦手な相手への嫌悪感を薄める術を知っている	168
	相手の注意力を高める方法を知っている	170
	アドリブに使えそうなネタを常にストックしている	172
	トップセールスになるために必要な準備をしている	174
	第14章　「しっかりマニュアルを守れ！」は大ウソ	
	お客様はすでに最新情報を持っていると知っている	177
	希少価値のある情報を提供できる	180
	営業マニュアルを鵜呑みにしない	185
	上司が常に部下を育ててくれるとは限らないと知っている	187
	上司につぶされない方法を知っている	190
	勝っても決して油断しない	192
	第15章　生き残れる営業とは	
	自分が使うお金を「消費」「浪費」「投資」で分けている	196
	常に「自己投資」としての時間の作り方を工夫している	197
	仕事に優先順位をつける習慣を持っている	200
	お客様にとって会う優先順位の高い人物を目指す	201
	周囲に伝染するほどの高い志を持っている	203
	お客様から「良い商品をありがとう」と言われる	205
	「志」と「想像力」でAIに勝つ	207

チェックシート

トップセールスマンの心得

各章で出てきた「できる営業マンの格言」をまとめました。

✓	格　言	掲載ページ
	第１章　「売るために目標を設定しろ！」は大ウソ	
	あらゆる事態を想定し、プランＢを用意している	22
	自分で決めた目標に向かって努力する	23
	お客様ごとに営業のストーリー展開を考えている	26
	紹介で良質なお客様を獲得している	30
	第２章　「ニーズを聞き出せ！」は大ウソ	
	お客様と問題意識を共有する	35
	自分の想いばかりをぶつけない	37
	お客様の状況を理解した上でコンサルティングする	40
	お客様自身に不安や不満を語らせる	43
	第３章　「説明上手になれ！」は大ウソ	
	お客様に「ベストな将来」をイメージさせる	48
	お客様に商品購入後の幸福感をイメージさせる	50
	第４章　「断られてからが営業だ！」は大ウソ	
	ストーカー営業をしない	56
	不特定多数に声をかけない	57
	売り込む努力よりも信頼を得る努力をする	61
	お客様が相談したくなる人を目指す	63
	お客様の現状を否定しない	66
	第５章「何度も足を運べ！」は大ウソ	
	自分に課題を与えて再訪する理由を作る	71
	お客様に「よろしくお願いします」とは言わない	73
	お客様の立場になり、最適な選択を行えるよう導く	76
	お客様のことを事前に調べ尽くしている	78
	将来のニーズをお客様自身に言わせる	80
	第６章　「笑顔で接客しろ！」は大ウソ	
	時には笑顔を消して、お客様のために真剣に悩む	87
	相手の心理状態に合わせて表情を変える	89
	相手が安心して話せるように反応を出す	91
	第７章　「客に気に入ってもらえ！」は大ウソ	
	プロとして堂々と語る	98
	例え話で分かりやすく伝える	100
	相手にとって気になる同業他社の成功事例を用意する	102
	低めの落ち着いた声で話し、深い呼吸で間を取る	104
	話し方に意識を向けている	106
	相手に「買いたい」と思わせることができる	108

●著者プロフィール

安東優介（あんどう・ゆうすけ）

株式会社フェニックスソリューションズ代表取締役
株式会社フェニックス代表取締役
エムワイピー株式会社代表取締役
フェニックスアカデミー學長「不死鳥學」伝道師

1975年福岡県生まれ。

大学卒業後、保険営業の仕事に就き、福岡でトップセールスになる。

25歳で外資系能力開発会社に転職して完全歩合制の営業職に。世界88カ国6万人の営業の頂点に立ち、世界大賞を3度受賞。

その後、営業コンサルタントとして独立したものの、取引先が倒産し業務を縮小。どん底の状態にまで追い込まれるが、持ち前のポジティブさとセールスの手腕によって、会社経営を徐々に軌道に乗せていく。

このときに培ったビジネス手腕と生き抜く知恵を「不死鳥學」として確立。現在では年間1万人のビジネスパーソンを対象にセールスやコミュニケーション、チームビルディングなどの研修を行うトレーナーとしても活動している。


株式会社フェニックスでは、安東優介による

- **「セールス」「組織作り」「コミュニケーション」を学ぶ研修トレーニング**
- **「働く意味」「生きる力」「人生のすばらしさ」についての講演**

を随時受け付けております。詳細は、下記までお問い合わせください。

■株式会社フェニックス　ホームページ
https://phoenix-311.com/phoenix

出版協力　糸井　浩
編集協力　地蔵重樹
組　　版　GALLAP
装　　幀　ごぼうデザイン事務所

一握りのトップセールスがやっている
最強営業術

2020年5月30日　第1刷発行

著　者　安東　優介
発行者　山中　洋二
発　行　合同フォレスト株式会社
郵便番号 101-0051
東京都千代田区神田神保町 1-44
電話 03（3291）5200　FAX 03（3294）3509
振替 00170-4-324578
ホームページ　https://www.godo-forest.co.jp
発　売　合同出版株式会社
郵便番号 101-0051
東京都千代田区神田神保町 1-44
電話 03（3294）3506　FAX 03（3294）3509
印刷・製本　株式会社シナノ

■落丁・乱丁の際はお取り換えいたします。

ISBN 978-4-7726-6160-7　NDC673　188×130